KB041190

10대,
처음 만나는
고전

나를 찾는
이정표,
고전을 만나다

10대,
처음 만나는
고전

이상민 지음

문예춘추사

나를 찾는 길,
고전이 이정표다

이 책은 10대 여러분이 부담 없이 동양고전을 접할 수 있도록 만들어진 책입니다. 동양고전의 한 구절을 떼어서 그것을 10대 여러분 입장에 맞게 풀어쓴 책이라 10대라면 누구나 부담 없이 읽을 수 있습니다. 사실 처음 이 책을 쓰려고 마음먹었을 때는 고민이 많았습니다. '과연 10대 여러분께 무슨 말을 해야 할까?' 난감했기 때문입니다. 그러나 지금 한국 10대들은 입시 스트레스, 교우관계, 선생님과 부모님과의 관계, 자기관리 등에서 많은 어려움을 겪고 있는 것이 틀림없는 상황인지라, 어떤 명확한 안내자 역할을 하는 이야기의 필요성을 강하게 느꼈습니다. 그래서 '동양고전을 통해서 10대 여러분의 입장과 눈높이에 맞춰서 교훈적인 힐링 메시지를 전하면 좋지 않겠는가!' 하는 생각을 하게 되었습니다.

요즘 10대 여러분은 실로 다양하고 복잡한 문제에 둘러싸여저 혼자만의 고민을 가슴에 끌어안고 있을 것입니다. 그러다 보니 해결방안을 찾지 못한 청소년들 중 일부는 극단적 선택으로 자살을 시도하기도 하는데, 아무튼 최근 보도에 따르면 한국 10대의 상당수가 정신적인 문제를 앓고 있다고 합니다. 그래서 오래되었으나 진리임이 분명한 동양고전을 통해서 10대들이 겪고 있는 문제들에 대한 해결책을 조금이나마 마련할 수 있을 것이라고 생각하게 되었습니다. 그러나 아직 상당수 여러분은 동양고전을 접해본 적도 없고, 한자를 능숙하게 다룰 수도 없을 것이기에 동양고전 전체를 알리기보다 그중 유용한 한 구절씩을 발췌해서 그 속에서 여러분의 눈높이에 맞는 메시지를 전달하려 했습니다.

이 한 권의 책을 읽으면 여러분이 고민하고 있는 삶의 문제에 대해서 어느 정도 해결의 실마리를 찾을 수 있으리라 장담합니다. 그리고 이 책은 여러분의 부모님과 함께 읽어도 좋습니다. 부모님께서도 이 책을 읽으면 청소년과의 소통방식에 대해 새로운 길을 발견할 수 있을 것이며, 무엇보다 삶의 기본이 무엇인지에 대해서 다시 한 번 되돌아볼 기회가 될 것입니다. 모쪼록 이 책을 통해서 10대 여러분이 다시 마음의 힘을 회복하고, 진정한 성공으로 나아가기를 기원합니다.

* 이 책은 『논어』와 『맹자』를 중심으로 썼고, 『노자』, 『대학』, 『중용』, 『시경』, 『서경』, 『역경』, 『좌전』, 『근사록』, 『소학』을 다루었습니다.

프롤로그 **나를 찾는 길, 고전이 이정표다**

하나 논어 / 어진 사람이 결국 승리한다   011

둘 맹자 / 언제까지나 의로움으로 나아가라   119

셋 노자 / 작은 것이 큰 것이 되는 삶이어야   223

넷 대학 / 제대로 살피고 제대로 행해야 한다   254

다섯 중용 / 남에게 대접받고 싶은 대로 대접하라   272

여섯 시경 / 따뜻하고 또 따뜻한 사람이 되어야   283

일곱 서경 / 더불어 사는 세상임을 명심하라   308

여덟 역경 / 몸을 펴기 위해 몸을 굽힐 뿐이다   319

아홉 좌전 / 구하지 않으면 무엇도 얻을 수 없다   333

열 근사록 / 앞으로 가지 않으면 뒤로 밀리는 법   346

열하나 소학 / 욕심이 아닌 도리를 따르라   366

읽고

걷고

생각하고

느끼고

...

논어
어진 사람이
결국 승리한다

001

10대에게 공부란 삶 그 자체다

배워서 그것을 제때에 익히니 또한 기쁘지 않겠는가.

學而時習之 不亦說乎(학이시습지 불역열호)

10대에게 공부란 삶 그 자체입니다. 우선은 학생의 본분인 공부를 열심히 해야 합니다. 그것이 10대 때 우선해야 할 길입니다. 꿈이 있다면 먼저 공부를 열심히 하세요. 공부를 열심히 하면서 자신의 몸과 마음을 닦으세요. 우리의 몸과 마음을 바로 세우는 일은 무엇을 성실히 하는 것에 있습니다. 학생 때에는 공부가 본분이므로 공부를 통해서 자신을 닦아보세요. 중요한 것은 등수가 아닙니다. 그저 열심히 하는 것 그 자체가 중요합니다. 그러니 부지런히 배움의 즐거움을 느껴보세요. 무언가를 알아간다는 즐거움, 무언가를 깨우친다는 즐거움, 열심히 하는 속에서 삶의 보람을 느껴보세요. 10대 때의 공부는 삶을 바꾸고, 미래를 여는 강력한 힘을 줍니다. 또한 자신의 몸과 마음을 바로 세울 수 있는 강력한 힘을 줍니다.

002

공부는 인정받기 위해서 하는 것이 아니다

남이 알아주지 않더라도 화내지 않으니 또한 군자답지 않겠는가.

人不知而不溫 不亦君子乎(인부지이불온 불역군자호)

공부를 하는 목적은 높은 등수를 따는 것에 있지 않습니다. 누군가에게 인정받기 위해서 하는 것이 아닙니다. 스스로의 즐거움과 보람, 인간적인 성숙을 위해서 하는 것입니다. 반에서 1등을 하지 못하더라도 실망하지 마세요. 반에서 중간을 하더라도, 거의 꼴찌를 하더라도 삶에서 실패하지는 않습니다. 저는 여러분께 그 점을 자신 있게 말할 수 있습니다. 성실하게 삶을 사는 사람은 비록 공부를 못하더라도 끝내는 성공을 하고 맙니다. 그러니 등수가 마음대로 나오지 않더라도 절대로 실망하지 마세요. 명문대에 입학하지 못하더라도 절대로 실망하지 마세요. 삶은 그런 것으로 결정되지 않습니다. 여러분은 결과를 떠나서 공부하는 과정을 열심히 즐기고 실천하면 됩니다. 그러면 결과에 관계없이 반드시 성공할 수 있습니다.

003

솔직하게 대한다

말을 교묘하게 꾸미고 얼굴빛을 좋게 하는 자 중에는 어진 이가 드물다.

巧言令色 鮮矣仁(교언영색 선의인)

사람은 솔직해야죠. 그래야 사람의 맛이 납니다. 누구에게든 솔직하게 대하세요. 마음에 없는 말을 하거나 외모를 아름답게 꾸미는 일에만 빠지면 안 됩니다. 그렇게 하면 우리가 궁극적으로 추구해야 할 인(仁)의 마음, 즉 어진 마음이 약해지기 쉽습니다. 여러분은 얼짱, 몸짱이 되지 않아도 좋습니다. 그러나 마음짱만은 반드시 되어야 합니다. 그것이 여러분이 궁극적으로 가야 할 길이기 때문입니다. 남에게 인정받는 것에만 관심을 두지 마세요. 외모로만 자신의 매력을 어필하려고 하지 마세요. 그것보다는 진실된 나의 마음에 관심을 두세요. 내가 누구를 대하든 진심으로 대하는지, 사랑의 마음을 갖고 대하는지, 솔직하게 내 마음을 터놓고 있는지에 관심을 두세요. 그것이 여러분이 사람을 대하는 원칙이 되어야 합니다.

004

너는 언제나 믿을 수 있는 친구야!

벗과 사귀면서 신의에 어긋나지 않았는가.

與朋友交而不信乎(여붕우교이불신호)

친구 간에는 약속을 잘 지키세요. 약속을 안 지키는 친구는 최악입니다. 특히 믿음을 주지 못한다는 평가를 친구들에게 받고 있다면 크게 반성하세요. 그것은 무서운 말이기 때문입니다. 여러분이 성공을 하고 못하고는 '다른 사람으로부터 믿음을 얻는가.' 여부에 달려 있습니다. 어떤 능력도 신의가 없다면 그 빛을 잃고 맙니다. 그 점을 명심하세요. 10대에 있는 여러분은 지금, 성인이 된 이후 멋지게 빛을 낼 자신을 정성스레 세공(細工)하고 있는 것입니다. 지금 잘해야 합니다. 왜냐하면 지금의 행동이 습관이 되기 때문입니다. 어떤 친구에게도, 선생님에게도 "너는 언제나 믿을 수 있는 친구야!"라는 말을 들어야 합니다. 그 말이 지금은 가볍게 들리겠지만, 나중에 10년이 지난 후에는 여러분의 인생을 결정지을 수 있다는 것을 명심하세요.

005

효도는 인간의 자격이다

부모를 섬길 때는 모든 힘을 다해야 한다.

事父母能竭其力(사부모능갈기력)

효도하지 않는 학생은 공부고 운동이고 뭐고 다 필요 없습니다. 부모님의 소중함을 모르는 학생이 공부를 잘해서 무엇하겠습니까? 자기 혼자 잘 먹고 잘살면서 부모님은 차가운 방에 방치하는 파렴치한 행동을 서슴없이 하겠지요? 그런 학생은 공부를 잘해도 나중에 자신을 위해서라면 온갖 나쁜 행동을 아무 거리낌 없이 저지를 것입니다. 그런 사람이 공부를 잘하면 사회에 큰 해를 끼치게 됩니다. 왜냐하면 사람을 사랑하는 마음이 없기 때문입니다. 오직 자기밖에 없기 때문입니다. 부모님의 은공을 아는 사람이 되어야 합니다. 그것이 인간의 자격입니다. 내가 힘들더라도 부모님만은 고생시키지 않겠다는 마음을 가진 학생이 되어야 합니다. 부모님을 생각하는 학생은 공부도 허투루 하지 않지만, 그렇지 않은 학생은 자신의 삶도 함부로 합니다.

006

허물이 있으면 고친다

허물이 있으면 고치기를 주저하지 마라.

過則勿憚改(과즉물탄개)

사람은 단점이 있습니다. 잘못이 있습니다. 실수도 하고, 남에게 상처를 주기도 합니다. 그것은 인간이 신이 아니기 때문입니다. 그렇다면 어떻게 해야 할까요? 고치면 됩니다. 남에게 잘못했다면 진심으로 사과하면 됩니다. 그렇게 하면서 조금씩 나은 인간이 되면 됩니다. 10대 때에는 경우에 따라 가출도 할 수 있고, 친구에게 상처를 줄 수도 있습니다. 완벽한 인간은 없으니까요. 그러나 다음부터는 그런 행동을 해서는 안 됩니다. 반드시 고쳐야 합니다. 그리고 친구에게 잘못했다면 진심으로 사과해야 합니다. 그래야 나은 인간이 되는 것입니다. 10대 때에 완벽할 수는 없습니다. 공부를 하다가 게으름을 피울 수도 있고, 부모님께 잘못을 할 수도 있습니다. 그러나 다시는 그 실수를 반복하는 학생이 되어선 안 됩니다.

007

약속은 상식적인 범위 안에서 한다

약속이 도리에 가까우면 그 약속한 말을 이행할 수 있다.

信近於義 言可復也 (신근어의 언가복야)

🌿 누군가와 약속할 때에는 상식적인 범위 안에서 하세요. 그래야 약속을 지킬 수 있기 때문입니다. 무리한 약속이나 혹은 사회적으로 볼 때 잘못된 약속은 하지 마세요. 그런 약속은 결국 지킬 수도 없고, 지켜서도 문제가 되기 때문입니다. 학생 때에는 원칙적으로 상식적인 범위 안에서의 삶을 살아야 합니다. 그리고 가끔 파격적인 행동을 원할 때에도 그 행동이 가져오는 결과를 책임지고 수용할 수 있는 한도 안에서 행동해야 합니다. 사람은 누구에게도 피해를 주어서는 안 되고, 자신의 행동은 책임을 져야 하기 때문입니다. 약속을 할 때에는 상식을 벗어나지 않게 하고, 한번 약속을 했다면 반드시 지키세요. 그러면 여러분에 대한 신뢰는 점점 높아져갈 것입니다.

008

가난하면서도 즐거울 수 있다

가난하면서도 즐거워한다.

貧而樂(빈이락)

여러분 집이 가난한 것은 여러분 잘못이 아닙니다. 또한 아버지가 부자라고 해서 내가 부자인 것은 아닙니다. 여러분의 윗니에 붙은 찌꺼기(부모님의 재산)로 살아가겠다는 생각은 버려야 합니다. 그런 생각은 정말 나약한 생각입니다. 내가 나의 꿈을 펼침으로써 나의 삶과 세상을 열어가겠다는 다부진 생각을 가져야 합니다. 그것이 진정한 대장부의 높은 뜻이고 기상입니다. 여러분 집안이 만약 가난하다면 그 결핍과 고통을 내 삶의 원동력을 끌어내는 수단으로 활용하세요. 그렇게 함으로써 꿈을 현실로 만드세요. 가난하면서도 즐거울 수 있습니다. 내가 미래에 대한 희망을 갖고 최선을 다해서 앞으로 나아간다면 말입니다. 그것이 바로 적극적인 삶의 즐거움이고, 희망에 대한 즐거움이며, 나 자신에 대한 즐거움입니다.

009

열다섯 살의 꿈

나는 열다섯 살에 학문에 뜻을 두었다.

五十有五而志于學(오십유오이지우학)

공자는 열다섯 살 때 학문으로 일가(一家)를 이루겠다는 뜻을 품었습니다. 열다섯 살은 꿈에 대해 결정을 하는 시기입니다. 즉 매우 중요한 때입니다. 대체로 중학교 2학년, 3학년, 그리고 고등학교 1학년 때까지를 포함합니다. 10대 때 앞으로 나는 무엇을 할 것인가에 대한 뜻을 세워야 합니다. 적어도 어떤 진로를 선택할 것인가에 대한 목표를 세워야 합니다. 물론 세워지지 않을 수도 있습니다. 실제로 어른들 경우에도 30대, 심지어 40대가 되어도 계속 자신의 진로를 바꾸는 경우가 많기 때문입니다. 만약 목표가 세워지지 않으면 지금 하고 있는 일인 공부를 열심히 하세요. 그것이 운동이라면 운동을 열심히 하고, 그것이 직업교육이라면 그것을 열심히 하세요. 어떤 것이든 열심히만 하면 길은 만들어지기 때문입니다.

010

건강이 가장 중요하다

부모는 오직 자식이 병들까 걱정한다.

父母唯其疾之憂(부모유기질지우)

여러분은 지금 건강의 중요성을 잘 모릅니다. 왜냐하면 그럴 때거든요. 공부에 대한 스트레스로 커피를 한 사발씩 마시고 공부할 것입니다. 이것은 당연합니다. 저도 시험기간이 되면 커피를 라면 사발그릇에 타서 마시곤 했습니다. 그러나 가장 중요한 것은 건강입니다. 건강을 잃으면 모든 것을 잃기 때문입니다. 여러분이 죽는다면 모든 것이 무슨 소용 있을까요? 만약 백혈병이나 암에라도 걸려서 병원에 누워 있다면 어떤 의미가 있을까요? 항상 건강에 대해서 관심을 두세요. 매일 규칙적으로 최소한 한 시간이라도 걸으세요. 건강은 삶에서 가장 중요한 것입니다.

011

꿈이 있다면 역사공부를 하라

옛것을 파악하여 새로운 것을 알다.

溫故而知新(온고이지신)

　　현재의 주류 연구자들은 과거에서 일정한 패턴을 찾아내 현재의 미래를 예측합니다. 그래서 과거 즉 역사공부에 열심입니다. 적어도 공부로, 사업으로 세계를 주름잡으려고 한다면 역사공부는 필수입니다. 역사를 모르고서는 인간과 사회를 이해할 수 없기 때문입니다. 역사의 가장 큰 장점은 "특정상황에 있을 때 인간 행동 방향을 예측할 수 있다"는 것이고, "인간 행동의 기준이 되는 것을 이해할 수 있다"는 점입니다. 여러분에게 세계적인 꿈이 있다면 역사공부를 열심히 하세요. 지금은 역사를 대학교수님처럼 깊이 이해하지 않아도 좋습니다. 적어도 역사를 좋아하는 것만으로 충분합니다. 역사에 대한 관심을 놓지 않고, 역사공부를 열심히 하세요. 그러면 여러분의 인생은 놀라울 정도로 성장하게 될 것입니다.

012

스티브잡스와 빌게이츠를 만든 힘

배우기만 하고 생각하지 않으면 얻는 것이 없다.

學而不思則罔(학이불사즉망)

　　공부는 스스로 생각하는 것이 매우 중요합니다. 단순 암기만으로는 안 됩니다. 그래서는 세상을 폭넓고 깊이 있게 볼 수 없습니다. 스스로의 생각으로 새로움을 창조해내는 것이 중요합니다. 그것이 스티브잡스와 빌게이츠를 만든 힘이기도 했습니다. 어떤 공부든 이해를 중시해야 합니다. 특히 역사, 윤리, 일반사회, 물리, 지구과학, 생물을 공부할 때 이해하는 연습을 많이 하세요. 국어공부를 하거나 독서를 할 때에도 스스로 생각을 많이 해야 내 것이 됩니다. 그리고 내 것이 되어야 새로운 나만의 것을 창조해 세계를 리드하는 지도자가 될 수 있습니다. 언제나 스스로 생각하는 것에 초점을 둬 공부한다면 언젠가 여러분은 노벨상도 수상할 수 있을 것입니다.

013

우선은 지식의 양을 늘려라!

생각하기만 하고 배우지 않으면 위험하다.

思而不學則殆(사이불학즉태)

　　머리에 든 지식 없이 생각을 해보아야 나오는 것은 아무것도 없습니다. 아는 것이 없기 때문입니다. 아는 것이 없는 상태에서는 사실상 아무런 생각도 떠오르지 않고, 생각을 한다고 해도 쓸데없는 생각만 하기 쉽습니다. 그렇기 때문에 지식의 양을 늘려야 합니다. 우선은 지식의 양을 늘리는 것이 필요합니다. 그래야만 그것을 발판으로 나의 새로움이 나올 수 있기 때문입니다. 여러분은 지식을 쌓아야 한다는 것, 우선은 공부를 열심히 해야 한다는 점을 명심하세요. 중학교 시절 시간이 허락한다면 독서를 많이 하세요. 고등학교 시절에도 틈틈이 독서를 하세요. 그리고 대학 시절에는 폭발적인 독서를 하세요. 최소한 1,000권 이상의 책을 20대를 마치기 전에 독파해야 생각의 힘을 가질 수 있습니다.

014

용기를 가지고 의로움을 행하라!

의로운 것을 보고 행하지 않음은 용기가 없는 것이다.

見義不爲 武勇也(견의불위 무용야)

의로운 것을 보고 행하지 않는 것은 용기가 없는 것입니다. 잘못된 것이라면 내가 나서서 바로잡아야 합니다. 그러나 그 용기가 만용이 아닌가는 살펴보아야 합니다. 내가 그만한 힘이 없을 때는 용기가 아니라 만용이 되기 때문입니다. 그래서 내가 감당할 수 있는지 여부를 살펴보는 것은 필요합니다. 그러나 원칙적으로 내가 감당할 수 있다면 의로운 것을 보고는 실행해야 합니다. 누군가가 학교폭력을 당하고 있고 내가 충분히 말릴 수 있다면 말려야 합니다. 또 누군가 소매치기를 당했는데 내가 그 상황에서 도둑을 잡을 수 있다면 잡아야 합니다. 돌려줄 수 있는 지갑을 주웠을 때도 돌려주는 것이 옳은 일입니다. 의로움은 실행해야 의로움이 됩니다. 그리고 그것을 내가 충분히 감당할 수 있을 때 용기는 힘을 발휘합니다.

015

어떤 일을 하기 전에 준비하라!

그림 그리는 일은 흰 바탕을 마련한 다음에 해야 한다.

繪事後素(회사후소)

❋ 어떤 일을 하고자 한다면 그 밑바탕을 충분히 준비한 다음 해야 합니다. 예를 들어 스티브잡스처럼 사업을 하고 싶다면 최소한 중학교 이상은 졸업해야 합니다. 가능하다면 고등학교까지는 졸업해야 합니다. 최소한의 필요학문을 습득하는 일은 모든 일의 기초가 되기 때문입니다. 대학을 자퇴하거나 진학하지 않고 곧바로 직업세계로 뛰어드는 것은 바람직한 선택이 될 수도 있습니다만, 중학교 내지 고등학교까지 마치는 일은 필요합니다. 만약 단기속성으로 끝마치고 싶다면 검정고시를 치를 수도 있습니다만 그 과정을 생략하면 안 됩니다. 학교 정규과정에서 배우는 학습은 최소한의 사고능력 향상에 큰 도움을 주기 때문입니다. 또한 친구와 선후배와 선생님과의 관계 속에서의 배움도 있기 때문입니다.

016

삶은 어려움을 견디는 과정이다

어질지 못한 사람은 오랫동안 힘든 상태를 견디지 못한다.

不仁者不可以久處約(불인자불가이구처약)

삶은 어려움을 견디는 과정입니다. 좋을 때보다 안 좋을 때가 많은 것이 인생입니다. 결과는 1퍼센트이고 과정은 99퍼센트입니다. 대학 입학통보일은 하루이고, 그것을 준비하는 기간은 3년입니다. 기업 입사통보일은 하루이고, 그것을 준비하는 기간은 4년입니다. 기업 임원통보일은 하루이고, 그것을 준비하는 기간은 20년입니다. 인생은 힘들고 조용하며 묵묵히 최선을 다해야 할 때가 압도적으로 많습니다. 그래서 초라함을 당연하게 여기고 남들이 전혀 인정하지 않더라도 오늘 하루를 스스로 만족하며 최선을 다하는 것이 매우 중요합니다. 그렇게 하려면 내 안에 어진 마음이 들어 있어야 합니다. 순수하게 남을 이롭게 하려는 마음, 나의 이익을 가볍게 여기는 마음이 중요합니다. 그런 마음이 있어야 오랜 세월을 견딜 수 있습니다.

017

어진 마음

어진 사람이라야 남을 좋아할 수도 있고 남을 미워할 수도 있다.

仁者能好人 能惡人 (인자능호인 능오인)

어진 사람은 남을 좋아할 수도 있고 미워할 수도 있습니다. 그러나 마음 깊숙한 곳에는 어진 마음 즉 사람을 순수하게 사랑하는 마음이 있습니다. 그래서 미워하더라도 그 사람을 진정으로 미워하는 것이 아닙니다. 그 사람을 진정으로 걱정하고 안타까워해서 미워함을 표현할 따름입니다. 미움이라는 것은 악한 감정입니다만, 어진 사람은 미움 안에 따뜻한 사랑을 가지고 있습니다. 그래서 사람을 미워하면서도 언제나 당당할 수 있습니다. 그리고 남을 마음껏 좋아할 수도 있는데, 이것은 그 사람에게 무언가를 기대하거나 혹은 대가를 바라기 때문이 아닙니다. 순수한 마음으로 그 사람 자체를 좋아하는 것이기 때문에 칭찬을 하고도 부끄럽지 않을 수 있는 것입니다. 마음 속 깊은 곳에 어짊이 있으면 언제나 당당할 수 있습니다.

018

돈이 없다는 것은 부끄러운 것이 아니다

도에 뜻을 두고도 나쁜 옷과 나쁜 음식을 부끄러워하는 자와는
함께 도를 논할 수 없다.

志於道, 而恥惡衣惡食者, 未足與議也(지어도, 이치악의악식자, 미족여의야)

돈이 없다는 것은 절대로 부끄러운 일이 아닙니다. "선생님, 저는 가난한 것이 부끄럽습니다." "아버지, 저는 가난한 것이 부끄럽습니다." 이런 말은 하는 게 아닙니다. 가난한 것은 단지 불편한 것일 뿐입니다. 부끄러운 것이 아닙니다. 나에게는 이 세상을 위한 큰 뜻이 있는데 지금 내가 가난한 것이 어떻게 부끄러움이 될 수 있겠습니까? 그런 작은 마음으로 어찌 큰 뜻을 이룰 수 있겠습니까? 여러분에게는 세상을 구할 뜻이 있고, 세상을 이롭게 할 뜻이 있으며, 많은 사람들에게 큰 도움을 주겠다는 뜻이 있을 것입니다. 그 뜻이 있는 사람은 가난을 부끄러워해서는 안 됩니다. 그래서는 뜻이 가려지기 때문입니다. 뜻이 있는 사람은 가난에 굴하지 말고 용맹하게 정진해나가야 합니다.

019

실력에 집중하라

지위가 없음을 걱정하지 말고 지위를 얻을 실력이 있는지를 걱정하라.

不患無位 患所以立(불환무위 환소이립)

여러분, 이 세상은 실력대로 받는 것입니다. 절대로 공짜가 없습니다. 무엇을 하더라도 내가 한 만큼 받게 되어 있습니다. 이 세상에 요행은 없습니다. 그렇게 이 세상은 어수룩하지도 않고 부드럽지도 않습니다. 이 세상은 생각보다 냉정합니다. 내가 한 것의 범위를 벗어나지 않기 때문입니다. 여러분이 무언가를 얻고자 한다면 가장 먼저 고민해야 할 것은 내가 그만 한 실력이 있는가입니다. 실력이 있다면 얻을 수 있고 실력이 없다면 얻을 수 없습니다. 그래서 남에게 물을 필요가 없습니다. 나의 실력, 그것이 전부입니다. 물론 실력이 있어도 운이 따르지 않으면 결과를 얻지 못할 수도 있습니다. 그러나 장기적으로 보면 실력이 있으면 반드시 기회를 얻을 수 있습니다. 무엇을 하든 여러분은 오직 실력에 집중해야 합니다.

020

의리와 이익

군자는 의리에 밝고 소인은 이익에 밝다.

군자유어의 소인유어리(君子喩於義 小人喩於利)

🍃

　　그릇이 작은 사람의 행동 기준은 오직 자신의 이익여부입니다. 그러나 그릇이 큰 사람의 행동 기준은 그 행동이 의리에 맞는가 여부입니다. 여러분이 큰 인물이 되고자 한다면 무엇보다도 행동 기준을 의리에 두어야 합니다. 즉 의롭고 이치에 맞는 일을 행해야 합니다. 그렇게 하면 순리대로 가게 되어 있고, 그렇게 오랜 동안 살아가다 보면 많은 사람들의 신뢰를 얻을 수 있을 것입니다. 그리고 그것은 여러분을 자연스럽게 성공으로 이끌 것입니다. 그러나 만약 여러분이 남들은 개의치 않고 오직 자신의 이익만을 기준으로 행동한다면 하나둘씩 사람들은 떠날 것입니다. 그리고 끝내는 실패하고 말 것입니다. 모든 성공은 사람에게서 오기 때문입니다. 여러분은 무엇보다도 의롭고 이치에 맞는가를 행동 준칙으로 삼고 살아야 합니다.

021

실행이 정답이다

말은 느리고 더듬거리더라도 행동은 민첩하기를 바란다.

欲訥於言而敏於行(욕눌어언이민어행)

실행에 강한 사람이 되어야 합니다. 말은 하기 쉽습니다. 특히 젊을 때는 사람이 가볍고 경박하기 쉽습니다. 그래서 주의해야 합니다. 말보다는 행동을 책임질 수 있는 사람, 실행에 강한 사람, 엉덩이가 가벼워서 즉시 움직일 수 있는 사람이 되어야 합니다. 그런 사람이 되어 결과를 만들어나가야 합니다. 결국 모든 변화를 일으키는 것은 행동이기 때문입니다. 물론 행동 이전에 지식을 갖추고 많은 생각을 하는 것은 반드시 필요합니다. 그러나 그것에만 머물면 삶은 변화하지 않습니다. 인생의 변화를 일으키기 위해서는 행동을 통해 결과를 만들어내야만 합니다. 그래서 여러분은 행동에 강한 사람이 되어야 합니다. 지금의 자리에서 아침 일찍 일어나고, 열심히 공부하고, 매일 운동하는 등 하나씩 행동에 옮기는 습관을 길러야 합니다.

022

충고는 적당히 하라

친구 사이에 지나치게 자주 충고하면 사이가 멀어진다.

朋友數 斯疎矣(붕우삭 사소의)

진정으로 친구를 생각한다면 충고하는 일은 필요합니다. 그것이 친구에 대한 도리이기 때문입니다. 그러나 지나치게 자주 충고하면 간섭이 됩니다. 또 예의가 없는 것이 됩니다. 너무 친절하면 불찰이 되고, 너무 충고하면 간섭이 됩니다. 그 점을 명심해야 합니다. 그래서 친구에게 어느 정도 충고를 하고 나서는 내버려둬야 합니다. 그것이 도리이기 때문입니다. 인생은 결국 혼자서 살아가는 것이고, 혼자서 온전히 책임지는 것이기 때문입니다. 물론 이 말이 충고를 하면 안 된다는 말은 아닙니다. 정도껏 해야 한다는 말입니다. 어떤 것이든 지나치면 흠이 되기 때문입니다. 모든 것은 적당할 때 아름다울 수 있습니다.

023

욕심이 많으면 좋지 않다

정이라는 사람은 욕심이 많으니, 어찌 강직할 수 있겠는가.

枨也慾 焉得剛 (정야욕 언득강)

욕심이 지나치게 많은 사람은 나쁜 길로 가기 쉽습니다. 자기밖에 모르는 편협한 사고에 빠지기 쉽고, 그러다 보니 친구들도 대부분 떠나갑니다. 자기만 1등 하면 되고, 다른 사람은 안중에도 없기 때문입니다. 시험기간에 정리한 노트가 있다면 친구끼리 보여주는 것도 좋습니다. 여러분의 경쟁자는 여러분 옆에 있는 친구가 아닙니다. 미국, 영국, 독일, 일본의 친구들입니다. 여러분은 편협한 사고를 가지면 안 됩니다. 또 지나치게 명문대나 돈, 혹은 외모에 관심을 가져서도 안 됩니다. 그런 것보다는 자기만의 꿈으로 세계를 평정하겠다는 큰 마음을 품어야 합니다. 노벨상 수상도 좋은 꿈입니다. 사람은 작은 욕심이 아니라 큰 꿈을 품어야 하고, 그 과정에서도 많은 사람들을 안고 가는 사람이 되어야 합니다.

024

누구에게라도 물을 수 있는 사람

아랫사람에게 묻는 것을 부끄러워하지 않는다.

不恥下問(불치하문)

큰사람은 자기보다 못한 사람에게도 묻고, 배웁니다. 그러나 그렇지 않은 사람은 꼭 자기보다 나은 사람에게 모든 것을 배우려고 합니다. 여러분은 어떤 것에서라도 배우고, 어떤 사람에게서라도 배울 수 있는 사람이 되어야 합니다. 모르면 친구에게라도 물어야 하고, 심지어 후배에게라도 물을 수 있어야 합니다. 그것이 큰사람입니다. 모르는 것을 부끄러워하지 말고, 묻는 것을 부끄러워해서는 안 됩니다. 모른다는 것은 당연한 것입니다. 중요한 것은 모르는 것도 아니고, 묻는 것도 아닙니다. 결국 그것을 알고 넘어가느냐입니다. 부끄러움은 단지 모르는 것에 있지 않고, 자기가 모르는데도 모르는 줄 모르는 데 있으며, 모르는데도 묻지 않는 것에 있습니다. 여러분은 크게 성장하기 위해 누구에게라도 물을 수 있는 사람이 되어야 합니다.

025

공경하는 마음

오래 사귀어도 공경한다.

久而敬之(구이경지)

친한 친구끼리는 예의를 지키지 않는 경우가 있습니다. 누구나 편해지면 마음을 놓기 때문입니다. 그러나 친할수록 예의를 지켜야 합니다. 그래야 관계가 유지됩니다. 예의를 지키지 않으면 관계는 유지될 수 없습니다. 아무리 친하더라도, 심지어 혈육 간이더라도 그렇습니다. 인간에 대한 예의와 존중, 깊이 공경하는 마음을 가지고 사람을 대해야만 관계를 유지할 수 있습니다. 그 점이 없다면 관계는 깨질 수 있습니다. 또 관계는 맺기는 어렵지만 끊어지기는 매우 쉽습니다. 여러분은 지금 친한 친구에게도 공경하는 마음을 잊어서는 안 됩니다. 또 언제나 예의를 지켜야 합니다. 그것이 그 친구와의 관계를 계속 이어나가기 위한 필수요소입니다.

026

두 번 생각한 후 실행하라

두 번 생각하면 충분하다.

再思可也(재사가야)

여러분은 지금 학교생활을 하고 있습니다. 그래서 지나치게 생각할 시간도 없고, 또 지나치게 생각하면 실천력을 떨어뜨리기도 합니다. 여러분은 어떤 것을 생각하면 두 번 정도 생각하고 실행하면 됩니다. 만약 그것이 잘못된다면 그때 가서 고치면 됩니다. 그러니 그냥 앞으로 가는 일이 필요합니다. 그러면서 여러분은 직접 몸으로 부딪치면서 하나둘씩 배우게 될 것입니다. 그것이 진정한 배움입니다. 몸으로 터지고 깨지면서 얻는 깨달음이기 때문입니다. 여러분, 지금은 생각을 너무 깊이 하지 마세요. 지금은 열심히 공부(운동하는 학생이라면 운동)하는 것에 집중하세요. 그렇게 하면서 앞으로 나아가는 일이 적어도 지금은 필요합니다. 왜냐하면 그럴 수밖에 없는 상황이고, 실행을 하면서 배우는 것이 지금은 더 크기 때문입니다.

027

지나간 잘못은 들추지 않는다

남의 옛날 잘못을 들추지 않았기 때문에 원망하는 사람이 적었다.

不念舊惡 怨是用希(불념구악 원시용희)

잘못한 일에 대해서는 지금 탓하는 것으로 충분합니다. 나중에 그 일을 들추어내 잘잘못을 따지면 분란이 일어납니다. 원망을 받는 것도 당연합니다. 그리고 용서하는 것이 자신에게 이롭습니다. 원한은 간직하고 복수하는 사람에게 가장 큰 피해를 주기 때문입니다. 항상 원한을 갚아야 한다고 되새기면서 인생을 낭비하기 때문입니다. 남의 잘못을 탓하는 일은 한 번으로 충분하다고 생각해야 합니다. 그리고 다음에는 다시는 들추지 마세요. 그가 누구라도 그래야 합니다. 용서함으로써 마음의 평안을 누려야 합니다. 인간관계는 의외로 쉽습니다. 내가 조금 더 양보하고 손해를 보면 모든 게 편안해집니다.

028

어른들이 신뢰하는 나

나이 든 사람들이 나를 편안히 여기게 한다.

老子安之(노자안지)

여러분보다 나이가 많은 사람들이 여러분을 신뢰하는 것은 중요합니다. 부모님과 선생님이 대표적입니다. 여러분이 하는 일이라면 무엇이든 믿고 맡길 수 있다는 신뢰를 얻는 것이 중요합니다. 그것은 어떻게 하면 될까요? 무엇을 하든 열심히 하면 됩니다. 저는 고교시절 청소를 아주 열심히 했습니다. 물론 공부도 열심히 했습니다. 그랬더니 입학 초기에 한 선생님은 제게 그런 말씀을 했습니다. "이상민은 무엇이든 열심히 하는구나!" 학창시절에는 일단 무엇이든 땀을 흘리면서 열심히 하세요. 거기에 모든 것을 쏟아부으세요. 그러면 어른들은 여러분을 믿을 것입니다. 그리고 어른들의 믿음으로 인해 여러분은 삶의 큰 자신감을 얻을 것입니다.

029

친구들이 신뢰하는 나

친구들이 나를 믿게 한다.

朋友信之(붕우신지)

친구들의 믿음을 받는 일도 매우 중요합니다. 그럼 어떻게 친구들의 믿음을 받을 수 있을까요? 그것은 약속을 잘 지키는 것입니다. 그리고 역시 공부를 열심히 하는 것입니다. 그리고 무엇이든 솔선수범하고, 힘든 일을 도맡는 것입니다. 그런 행동들이 쌓이면 친구들은 여러분을 신뢰할 것입니다. 언제나 좋은 것은 가지려고 하고 책임은 지지 않으려고 하거나, 힘든 일에는 슬슬 도망치거나, 말만 하고 실천은 하지 않으면 친구들은 여러분을 믿지 않을 것입니다. 믿음, 그것은 치열한 행동으로 얻어지는 것입니다. 또 힘듦을 이겨내는 실행에서 얻어지는 것입니다. 여러분은 그것을 알고 실행으로 친구들의 믿음을 얻기 바랍니다.

030

화를 내지 않는다

노여움을 남에게 옮기지 않는다.

不遷怒(불천노)

화를 내지 않는다는 것은 삶의 중요한 기술입니다. 특히 학창시절 때는 매우 훌륭한 삶의 자세입니다. 어떠한 일이 있더라도 친구들과 다투지 않을 것이기 때문입니다. 물론, 어떤 경우에는 친구에게 화를 내야 할 경우도 있습니다. 그럴 때에는 화를 내는 것이 바람직합니다. 그러나 일반적인 경우에 수시로 화를 내는 것은 바람직하지 않습니다. 어떤 경우에도 내가 먼저 양보하고 참는 것이 필요합니다. 우리에게는 공부를 잘하는 것도 중요하지만, 그것보다 더 중요한 것은 참인간이 되는 것입니다. 그리고 결국 성공은 참인간이 해내는 것입니다. 사람은 먼저 사람이 되어야 합니다. 사람이 된다는 것은 겸손하고 배려한다는 것이며, 따뜻한 마음을 갖고 남을 존중하는 것입니다. 참인간이 되어 있을 때 성공은 진정으로 내 것이 됩니다.

031

그 무엇도 꿈을 막을 순 없다

너는 스스로 한계를 긋고 있다.

女畵(여획)

사람은 지레 포기를 하면 안 됩니다. 자신의 한계를 긋고 도전하지 않는 것도 바람직하지 못합니다. 그 무엇도 우리의 꿈을 막을 순 없습니다. 삶에 대한 뜨거움과 열정을 막을 순 없습니다. 여러분은 삶에 대한 열정에 불을 지펴야 합니다. 그저 그런 삶으로 내 인생을 낭비해선 안 됩니다. 여러분은 아직 너무 젊고 엄청난 기회가 있습니다. 10대라면, 무궁무진한 기회가 있는 것입니다. 여러분은 학교에서 꼴찌를 해도 되고, 심지어 가출경험이 있어도 됩니다. 다시 시작해도 충분히 노벨상도 받을 수 있고, 대통령도 될 수 있으며, 세계 최고의 학자가 될 수도 있습니다. 결코 늦지 않습니다. 지금부터 시작해도 여러분은 모든 것을 할 수 있습니다. 나이가 들어서도 모든 꿈을 이루어낸 사람들도 많습니다. 그러니 여러분, 절대 꿈을 포기하지 마세요!

032

모두를 위한 가치

사람의 인생이라는 것은 올바름으로 살아가는 것이다.

人之生也直(인지생야직)

요즘 사회가 혼탁해진 측면이 많습니다. 학생들은 명문대만 가면 성공한 줄로 알고, 외모만 잘생기면 좋은 줄로 압니다. 그러나 그런 것은 아무것도 아닙니다. 그런 삶은 수준이 낮은 삶입니다. 진정으로 수준이 높은 삶은 올바름을 추구하는 삶입니다. 높은 뜻과 이상을 갖고 올바름을 추구하며 사는 삶입니다. 여러분은 명문대에 가서 나 혼자 잘 먹고 잘사는 삶을 사실 겁니까? 여러분은 성형수술을 해서 잘생기고 예쁜 배우자를 만나서 잘살 꿈만 꿉니까? 여러분은 안정적으로 철밥통만 쥐며 사는 꿈만 꿉니까? 있을 수 없는 일입니다. 삶은 그런 것이 아닙니다. 삶이란 본질적으로 모두를 위한 의미를 만들어내는 것이어야 합니다. 그리고 그 과정과 결과에서 모두를 위한 올바름을 만들어내야 합니다. 여러분은 큰 뜻을 품어야 합니다.

033

신을 믿되 나의 노력에 의지한다

귀신을 공경하되 멀리한다.

敬鬼神而遠之(경귀신이원지)

여러분은 종교가 있으신가요? 혹은 조상신을 모시며 제사를 지내시나요? 특정한 종교를 믿고, 신을 믿고, 조상을 믿는 것은 좋은 일입니다. 특히 종교의 경우 그 가르침이 지혜로운 경우가 많습니다. 그래서 그것을 따르면 좋습니다. 그러나 신만 믿으면 모든 것이 해결될 것이라는 생각은 버려야 합니다. 현실에서 치열한 실천은 하지 않으면서 신만 믿으면 모든 것이 해결된다는 생각은 잘못된 생각입니다. 이 세상은 결국 인간의 힘으로 모든 것을 만들어나가야 합니다. 그래서 종교를 믿더라도 이 세상에서의 실천을 게을리하지 말아야 합니다. 또 모든 것은 신이 해결한다는 생각은 버리고, 나의 노력과 실천에 전적으로 의지해야 합니다. 종교의 지혜를 얻고자 신을 공경하는 것은 필요하지만, 희망은 나의 땀과 노고로 만들어나가야 하는 것입니다.

034

열심히 노력한 후에 결과를 기다린다

어려운 일을 먼저 하고 뒤에 결과를 기대한다.

先難而後獲(선난이후획)

여러분은 공부를 하든 무엇을 하든 결과를 먼저 보는 자세를 버려야 합니다. 그것보다는 지금의 노력에 모든 노력을 쏟아부어야 합니다. 결과는 나의 노력대로 받는 것입니다. 물론 나의 노력대로 받지 못할 수도 있습니다. 운이 따르지 않으면 그렇게 될 수도 있습니다. 그러나 이 세상을 열심히 살아가는 사람은 언젠가는 빛을 보게 되어 있습니다. 즉 열심히 살아가는 사람에게는 단 한 번이라도 인생의 태양은 뜨기 마련입니다. 여러분은 열심히 살아가야 합니다. 그리고 그 과정을 충분히 즐겨야 합니다. 그러면 결과는 자연히 따라올 것입니다. 여러분은 지금 당장 무언가를 얻겠다는 초조함을 버려야 합니다. 그 대신 지금 내가 해야 하는 일을 묵묵히 열심히 실천하세요. 그러면 반드시 여러분은 이 세상 최고의 거인이 될 것입니다.

035

미래는 낙천적인 사람의 것이다

지혜로운 사람은 낙천적이다.

知者樂(지자락)

여러분은 얼마나 낙천적이신가요? 요즘처럼 비관론자들이 득세한 적은 없습니다. 모두가 불안을 조장하고 있기 때문입니다. 그래서 모두가 스펙에 매달리고 명문대에 들어가려고 많은 노력을 하고 있습니다. 그러나 여러분은 항상 미래에 대해 낙관적으로 생각하시길 바랍니다. 그래서 언제나 밝고 명랑함을 유지하시길 바랍니다. 그래야 삶의 에너지도 언게 되고, 매일매일 씩씩하고 건강하게 생활할 수 있으며, 그렇게 밝아야만 내 곁에 사람이 모이기 때문입니다. 인생의 기회는 사람이 모이면 오게 됩니다. 또, 밝으면 에너지가 충만해져 일도 잘 풀리게 됩니다. 여러분은 절대로 초조해하지 마세요. 명문대에 가지 못해도 엄청난 성공을 할 수 있습니다. 스티브 잡스와 빌게이츠는 대학 중퇴자임을 명심하세요. 지금 세계는 그들 같은 사람들이 역사를 써나가고 있음도 명심하세요.

036

왜 어질어야 하는가?

어진 사람은 장수한다.

仁者靜(인자정)

저는 추진력이 강한 사람을 좋아합니다. 그 사람이 결국에 큰일을 해내기 때문입니다. 큰일을 해내는 것이 왜 좋냐 하면 그 사람으로 인해 세계 문명이 진보하기 때문입니다. 그래서 저는 추진력이 강한 사람을 좋아합니다. 그러나 그 내면은 어진 사람을 좋아합니다. 그래야 곁에 있을 때 편안하기 때문입니다. 함께하면 행복하기 때문입니다. 행복은 우리의 궁극적인 인생의 목표입니다. 우리는 돈을 많이 벌기 위해서, 명예를 얻기 위해서, 권력을 가지기 위해서 사는 것이 아닙니다. 단지 행복하기 위해서 사는 것입니다. 그것이 유일한 삶의 목적입니다. 어진 마음은 행복을 제공합니다. 자신과 타인 모두의 행복을 보장합니다. 어진 마음을 가지면 사람도 모이고, 잔잔한 사유에서 지혜도 생기며, 장수도 하게 됩니다.

037

공부는 어떻게 해야 하는가?

널리 학문을 배우고 예의로써 그 지식을 요약한다.

博學於文 約之以禮(박학어문 약지이례)

공부를 열심히 하고 그 지식을 활용하세요. 그저 명문대 입학하는 것이 목표가 되어선 안 됩니다. 성인이 되어 사회에 진출한 이후 어떤 삶을 그려나갈 것인가가 중요합니다. 여러분이 해야 하는 공부는 이 사회를 변화시키기 위한 밑거름이 되어야 하고 그것이 공부하는 자의 의무입니다. 단순한 암기에 그치지 말고 그 지식을 활용해 사회를 변화시켜야 합니다.

열심히 공부하십시오. 그리고 그것을 활용해서 사회를 변화시켜 더 나은 삶을 살 수 있도록 만드십시오. 그것이 여러분의 몫입니다.

038

왕이 되고자 한다면 먼저 머슴이 돼라

내가 자리에 서고 싶으면 남을 먼저 세운다.

己欲立而立人(기욕립이립인)

학생회 임원이라면 위의 문장을 명심하세요. 학생회 임원은 남의 위에 서는 사람이 아닙니다. 남을 위에 세우는 사람입니다. 사람 위에 서고 싶다면, 먼저 다른 사람을 위에 세우고, 내가 가장 밑에 있어야 합니다. 그래서 모든 험한 일, 모든 힘든 일, 모든 책임과 의무를 다해야 합니다. 그것이 진정으로 리더가 가야 할 길입니다. 그래서 리더는 모든 일을 책임져야 하고, 겸손한 마음으로 모든 사람을 안아야 하며, 남에게 좋은 것을 돌릴 수 있어야 합니다. 굳이 임원이 아니더라도 앞으로 사회에서 큰 역할을 하고 싶은 사람이라면, 그 점을 명심해야 합니다. 왕이 되고자 하는 자는 반드시 모든 사람의 머슴이 되어야 합니다. 그래서 가장 힘든 일을 도맡아야 하고, 가장 안 좋은 반찬을 먹어야 하며, 모든 어려움을 짊어져야 합니다.

039

공부가 싫어질 때는 어떻게 해야 하는가

아무리 배워도 싫증을 내지 않는다.

學而不厭(학이불염)

　　학생의 본업은 공부이며, 공부를 해야만 합니다. 그러나 공부가 되지 않을 때는 스트레스를 풀이야 합니다. 그래서 때로는 영화나 드라마를 보거나, 놀이공원에 가거나, 공원에서 산책을 하거나, 등산을 하거나, 여행을 가거나, 독서를 하거나 하는 일이 필요합니다. 그리고 새벽 시장이나 도서관에 가는 것도 좋은 방법입니다. 그러면 새벽에 그 추운 겨울에 열심히 일하고 있는 상인들을 보게 됩니다. 그러면 '나는 지금 무엇을 하고 있나?' 하는 생각이 들 것입니다. 또 도서관에서 열심히 공부하는 형들을 보면 '내가 이래선 안 된다'는 생각이 들 것입니다. 어떤 것도 좋습니다. 공부에서 휴식과 자극은 필요하니까요. 공부가 안 될 때는 그냥 공부하는 것도 좋은 방법입니다. 열심히 하다 보면 본래 페이스가 돌아오기 때문입니다. 자신만의 방식으로 이겨나가야 합니다.

040

마음의 여유를 불러오는 취미는 필요하다

예술에 취미를 가져야 한다.

遊於藝(유어예)

사람에게 적절한 휴식은 필수적입니다. 휴식 없이는 꾸준히 일을 추진할 힘을 얻을 수 없습니다. 그래서 자신만의 휴식법을 찾아야 합니다. 학생 때는 주로 영화를 보거나, 독서를 하거나, 등산을 하거나, 공원에 가거나, 친구들과 외식을 하거나 하는 방법이 있을 것입니다. 그 외에도 다양한 취미를 찾을 수 있을 것입니다. 동아리 활동을 열심히 하는 것도 좋을 것이고, 체육관에 등록해서 운동을 배우는 것도 좋을 것입니다. 어떤 것도 좋습니다. 자신의 취미를 가지는 것은 좋은 일입니다. 또 필요한 일입니다. 자신의 삶에 활력을 불어넣고, 쉬지 않고 폭발적으로 달릴 수 있도록 도와주는 엔진의 윤활유 같은 역할을 하기 때문입니다.

041

열정이 가장 중요하다

어떻게 해보겠다는 열정이 없으면 계발되지 않는다.

不憤不啓(불분불계)

열정이 없는 사람은 구제불능입니다. 삶에 대한 애착이 없다는 것만큼 위험한 것도 없습니다. 자기계발서가 많습니다. 저는 자기계발서도 상당히 많이 읽었고, 혼자서 곰곰이 생각도 많이 했습니다. 그 안에서 발견한 성공한 사람의 특징 중 가장 강력한 것이 무엇인 줄 아세요? 그것은 바로 "삶에 대한 에너지가 뜨거워야 한다"는 것입니다. 삶에 대한 에너지 즉 열정과 어떻게든 해보겠다는 강력한 실행력이 있는 사람은 어떻게든 성공합니다. 공부는 전혀 중요하지 않습니다. 서울대를 졸업하고도 별 볼일 없는 회사원으로 살아가는 사람들이 한둘이 아닙니다. 그런 것은 결정적인 변수가 안 됩니다. 중요한 것은 열정입니다. 그리고 20년 이상 포기하지 않는 능력입니다. 여러분은 열정을 잃지 마세요. 무엇을 하든 뜨겁게 해보시길 바랍니다.

042

음악은 인생에 힘을 준다

'소'라는 음악을 듣는 석 달 동안 고기 맛을 알지 못했다.

聞韶三月 不知肉味(문소삼월 부지육미)

학창시절에 음악은 좋은 역할을 합니다. 여러분은 지금 음악을 많이 듣고 있을 것입니다. 학교에 가거나 집에 올 때, 혹은 쉬는 시간에, 혹은 자습시간에 이어폰을 귀에 꽂고 있을 것입니다. 음악은 좋은 것입니다. 음악을 들으세요. 그러나 기회가 허락된다면 가요보다는 팝송이나 J팝도 들으세요. 어학공부를 할 수 있는 기회가 되기 때문입니다. 또, 때로는 클래식도 들으세요. 새로운 마음으로 공부할 수 있도록 해주니까요. 또, 때로는 뉴에이지를 들으세요. 뉴에이지는 마음의 평온을 안겨다주니까요. 그리고 때로는 영화 OST도 들으세요. 좋은 기억이 남았던 영화가 떠오르면서 일을 하는 데 힘을 주니까요. 음악은 다양하게 듣고 활용하세요. 큰 힘이 될 것입니다.

043

몰입의 중요성

분발하여 먹는 것도 잊는다.

發憤忘食(발분망식)

공부를 하거나, 운동을 하거나, 여행을 하거나 어떤 것을 할 때 몰입하는 것은 중요합니다. 집중하는 것은 반드시 필요합니다. 그러면 때로는 식사 때를 놓치기도 하고, 누가 불러도 모르기도 하며, 지하철역을 몇 곳 지나서 내리기도 합니다. 그럴 때는 필요합니다. 그것은 좋은 징조입니다. 또, 무엇보다도 인생을 잘 살아가는 것입니다. 학창시절 때 그렇게 집중하는 습관이 잡히면, 나중에 일을 할 때도 큰 성공을 할 수 있습니다. 여러분은 지금 집중력 연습을 해야 합니다. 그것은 몰입에 있습니다. 어떤 것이든, 한번 하면 깊이 파고들 수 있어야 합니다. 또 몰입을 통해서 진정한 즐거움을 만끽할 수 있어야 합니다. 몰입은 기적을 만듭니다. 삶에서의 행복감, 탁월한 결과, 세상의 혁명적인 변화 모두를 리드하기 때문입니다.

044

모든 사람이 내 스승이다

세 사람이 동행하면 그 안에 반드시 내 스승이 있다.

三人行 必有我師焉(삼인행 필유아사언)

세 사람만 모여도 그곳에 내 스승이 있다는 말은 실제로 이 세상의 모든 사람이 내 스승이 될 수 있다는 말로도 해석할 수 있습니다. 우리는 모두에게 배워야 합니다. 공부 잘하는 친구에게는 공부하는 방법을 배울 수 있고, 발표 잘하는 친구에게는 화술을 배울 수 있으며, 운동 잘하는 친구에게는 운동을 배울 수 있습니다. 노래 잘하는 친구에게는 노래를, 잘 웃기는 친구에게는 재치를, 글 잘 쓰는 친구에게는 작문을 배울 수 있습니다. 우리는 학교를 다니면서 많은 스승이 내 곁에 있음을 알아야 합니다. 그리고 그들로부터 모든 점을 배울 수 있음을 깨달아야 합니다. 여러분은 여러분 곁에 있는 스승을 잘 모시면서 그들의 장점을 자신의 것으로 만들 수 있어야 합니다.

045

소명이 있다

하늘이 나에게 덕을 내렸으니 환퇴 따위가 나를 어찌하겠는가.

天生德於予 桓魋其如予何(천생덕어여 환퇴기여여하)

공자는 사마환퇴라는 무뢰한에게 죽임을 당할 뻔했습니다. 그러나 공자는 일개 환퇴 따위가 어찌 나를 해칠 수 있겠는가 생각했습니다. 그것은 공자 자신이 세상에 큰 사명이 있음을 알고 외친 말이었습니다. 또 자기 자신에 대한 굳은 믿음이 있었기 때문에 할 수 있었던 말입니다. 여러분도 여러분에게 소명이 있음을 믿어야 합니다. 그렇게 자신감을 가지고 나아갈 수 있어야 합니다. 지금은 비록 힘들고 초라하더라도 나중에는 큰 쓰임을 받을 수 있음을 믿고 고통을 정면으로 이겨나가시길 바랍니다. 실제로 여러분에게도 소명이 있기 때문입니다.

046

다그침은 축복이다

나는 다행이다. 내가 실수를 하면 남이 반드시 이를 알아서 일러준다.

丘也幸 苟有過 人必知之(구야행 구유과 인필지지)

내가 실수를 했을 때 나를 다그치는 사람이 있다면 그것은 좋은 일입니다. 내가 빗나가는 것을 막아주기 때문입니다. 특히 10대 때에는 모든 판단을 현명하게 하기 어렵습니다. 그때 부모님과 선생님이 나를 바로잡아준다면 감사한 일입니다. 그래서 부모님과 선생님이 내가 듣기 싫어하는 말을 하더라도 감사한 마음으로 들어야 합니다. 그리고 그들의 말이 옳다면 그 말을 따라야 합니다. 그들은 나를 진심으로 생각해서 말하기 때문입니다. 때때로 부모님과 선생님이 나를 '사랑의 매'로 다룰 수도 있을 것입니다. 10대 때에는 필요한 일입니다. 일단 강제적으로라도 행동을 고치면 그것은 습관이 되고, 그것으로 인해 나의 생각과 행동이 달라질 수 있어서 큰 도움이 되기 때문입니다. 다그침, 그것은 여러분에게 축복입니다.

047

감정을 다스려라

용모를 움직일 때에는 사나움과 교만함을 멀리해야 한다.

動容貌 斯遠暴慢矣(동용모 사원포만의)

10대는 혈기가 왕성할 때입니다. 그러나 그 혈기는 스스로 제어하지 않으면 곤란한 상황을 맞게 됩니다. 특히 사나움과 교만함을 멀리해야 합니다. 감정적으로 행동하지 않도록 노력해야 하고, 자신을 내세우는 행동을 삼가야 합니다. 그러나 이것은 결코 쉽지 않습니다. 따라서 부단한 연습과 노력이 필요합니다. 항상 참는 마음을 가져야 하고, 항상 겸손하게 사람을 대하도록 해야 합니다. 10대 때에는 포부와 패기가 넘치는 탓에 '겸손함'이 마음에 와 닿지 않을 수도 있습니다. 그러나 20대가 지나고, 30대가 되어 세상을 보면 세상을 리드하는 사람들은 모두 겸손한 사람들임을 알게 됩니다. 겸손해야만 사람들이 좋아하기 때문입니다. 10대 때에는 감정의 다스림에 특히 주의해야 합니다.

048

어떤 일이 있어도 흔들리지 마라

중대한 일을 당해서도 그 뜻을 꺾을 수 없다.

臨大節而不可奪也(임대절이불가탈야)

살다 보면 때로는 감당하기 힘든 일, 우환이 생깁니다. 그러나 여러분은 어떤 큰일이 있더라도 하고 있는 일에서 눈을 떼지 말아야 합니다. 물론 마음의 혼란함이 오고 정신이 없을 것입니다. 마음을 잡기 힘들 것이고, 너무 힘들어서 죽고만 싶을 수도 있습니다. 그러나 그럴 때일수록 이를 꽉 깨물고 열심히 공부해야 합니다. 앞으로 살아보면 알겠지만, 흔들릴 일은 수없이 많습니다. 그때마다 흔들리면 이 험한 세상을 살아갈 수가 없습니다. 여러분, 어떤 일이 있더라도 책을 손에서 놓지 말고, 현재 하고 있는 일에서 멀어지면 안 됩니다. 그러면 절망 속으로 떨어져 더 이상 나올 수 없게 됩니다. 힘들면 책상에 앉아서 열심히 공부하세요. 힘들면 더 열심히 몰입하세요. 그래서 결과를 만들어내면 여러분은 조금씩 시름에서 벗어날 수 있을 것이고, 끝내는 희망을 발견할 수 있을 것입니다.

049

위험한 곳에는 가지 않는다

위태로운 나라에는 들어가지 않고 혼란해진 나라에는 머물지 않는다.

危邦不入 亂邦不居 (위방불입 난방불거)

🌿 위험한 곳에는 가지 않는 것이 좋습니다. 여러분은 스스로를 강하다고 여기지만, 여러분도 16층 아파트에서 떨어지면 목숨을 잃습니다. 이 세상에 초인은 없습니다. 극복할 수 있는 한계선을 넘어서면 인간은 쓰러지고 맙니다. 그래서 이왕이면 실패를 하지 않는 것이 좋고, 어려움을 당하지 않는 것이 좋습니다. 그렇게 하는 것이 안전하기 때문입니다. 물론 삶에서 위험을 모두 피할 수 있는 것은 아닙니다. 그러나 피할 수 있는 데까지는 피해야 합니다. 그리고 만약 피할 수 없다면 그때에 가서 맞서면 됩니다. 그리고 이겨내면 됩니다. 그러나 할 수 있다면 당연히 위험한 곳에는 가지 않고 위험한 일은 하지 않는 것이 현명합니다.

050

10대, 열심히 공부하라

배움은 아무리 노력해도 미치지 못할 것같이 하면서도
혹 놓쳐버릴까 두려워해야 한다.

學如不及 猶恐失之(학여불급 유공실지)

10대 때의 공부는 인생을 결정짓는 부분이 있습니다. 서울대의 파괴력이 떨어졌다거나 혹은 떨어질 것이라고 하지만, 여전히 서울대 졸업장에는 장점이 있습니다. 또한 하버드대학 졸업장에는 권위가 붙습니다. 따라서 할 수만 있다면 하버드대학을 가야 하고 서울대를 가야 합니다. 그러기 위해선 열심히 공부해야 하는데, 지금 우리 제도에서는 '객관식 시험형 인재'를 선발합니다. 영어와 수학은 100퍼센트 반복만 하면 만점이 가능하고, 사회와 과학도 열심히 공부하면 성과가 나옵니다. 언어영역의 경우에는 종합적인 사고력이 필요합니다만, 그래도 노력하면 향상됩니다. 지금은 제도권 내에서 열심히 공부해야 합니다. 그리고 본격적인 공부를 시작하는 대학 이후에는 '치열한 독서'를 통해서 인생을 도약시켜야 합니다.

051

군자는 도의를 삶의 원칙으로 삼고 살아간다

군자는 다재다능한가? 그렇지 않다.

君子多乎哉 不多也(군자다호재 불다야)

　　군자는 다재다능하지 않습니다. 다만 그가 군자인 까닭은 도의(道義)를 삶의 원칙으로 삼고 살아가기 때문입니다. 삶은 올바름을 실천했느냐, 하지 않았느냐로 평가해야 합니다. 그것이야말로 궁극적으로 우리 모두를 이롭게 하기 때문입니다. 다재다능하더라도 그것을 자신의 이익만을 위해 사용한다면 어떤 결과를 초래할까요? 미국 최고 명문대를 졸업한 사람들이 가장 많이 가는 곳은 바로 '감옥'입니다. 우리 사회에도 유력 정치인들이, 유력 기업가들이 가장 많이 거치는 곳이 '감옥'입니다. 왜냐하면 올바름이 아닌 재능만이 선(善)이라고 주장한 우리의 교육 때문입니다. 올바름을 삶의 원칙으로 삼고 살아가야 합니다. 그럴 때 우리는 진정한 군자가 되고, 진정으로 우리 사회를 널리 이롭게 할 수 있습니다.

052

세상은 '나' 하기에 따라 달라진다

나는 등용되지 않았기 때문에 여러 가지 기능을 익혔다.

吾不試 故藝(오불시 고예)

공자는 젊은 시절 자신이 등용되지 않았기 때문에 여러 가지 기능을 익힐 수 있었다는 말을 했습니다. 이 세상의 모든 것은 기회가 될 수 있습니다. 내가 그렇게 믿고 실천한다면 말입니다. 가난하면 더 열심히 공부하는 것으로 나의 처지를 승화할 수 있습니다. 명문대에 떨어졌다면 더 열심히 하는 것으로 승화할 수 있습니다. 지금 몸이 약하다면 더 열심히 운동하는 것으로 승화할 수 있습니다. 지금 수학을 못한다면 열심히 공부해서 점수를 올리고 나아가 수학에 관심이 높아져 수학자가 될 수도 있습니다. 강북에서 공부하고 있다면 내신이 좋아서 오히려 대학진학에 유리할 수도 있습니다. 집안형편이 안 되어 대학진학을 못한다면 장사를 배워 오히려 일찍 성공할 수도 있습니다. 모든 것은 내가 하기에 따라 달라집니다. 세상은 그렇습니다.

053

인생은 멀리 보고 뛰어야 한다

싹이 났으나 꽃이 피지 못하는 것도 있고 꽃은 피었으나
열매를 맺지 못하는 것도 있다.

苗而不秀者有矣夫 秀而不實者有矣夫(묘이불수자유의부 수이불실자유의부)

우리나라에서 미국 하버드대학에 진학한 사람들을
봅시다. 하버드대힉에 진학했다고 떠들썩하지요? 그러나 하
버드를 졸업한 이후 그 사람은 무엇을 하고 있습니까? 하버드
대 졸업장만 이용해 무언가를 겨우 할 뿐이지요. 하버드대를
뛰어넘는 업적을 남긴 사람은 거의 없습니다. 그것보다는 오
히려 이름 없는 대학에 진학했거나 혹은 대학을 가지 않았던
사람 중에 높은 수준의 기업을 이끌고 있거나 세계적인 권위
를 가진 상을 수상한 경우를 보았을 것입니다. 인생은 멀리 보
고 가야 합니다. 그러기 위해선 일희일비(一喜一悲)는 금물입
니다. 묵묵히 최선을 다하고, 적어도 20년 이상은 한길로 조용
히 매진해야 합니다. 젊은 시절에는 너무 성공하려고 하기보
다는, 인생이라는 거대한 그릇을 조용하지만 완벽하게 만들도
록 노력해야 합니다.

054

인생은 적어도 60세까지 노력해야 한다

40, 50세가 되어도 이름이 알려지지 않으면 이 또한 두려울 것이 없다.

四十五十而無聞焉 斯亦不足畏也已(사십오십이무문언 사역부족외야이)

옛날에는 수명이 짧았습니다. 그래서 40, 50세면 중늙은이에 해당했습니다. 과거의 이 나이는 요즘으로 치면 60세, 70세라고 보아야 합니다. 즉 60세, 70세가 넘었음에도 불구하고 이름이 알려지지 않으면 이 사람은 두려워할 만한 사람이 아닌 것입니다. 인생에서 중요한 것은 적어도 60세, 70세까지 계속해서 노력할 수 있는 능력입니다. 제아무리 하버드대학에서 박사학위를 받더라도 20년 정도 공부하지 않으면 학문적 업적은 제로입니다. 박사학위의 유효기간은 불과 2~3년입니다. 즉 학위를 받은 후 2~3년 후면 박사학위를 통해 얻었던 지식은 제로가 됩니다. 그 이후의 성과는 혼자서 공부하는 노력에 달려 있습니다. 하버드대학이라는 기득권의 실체도 그렇습니다. 그 밑인 서울대부터는 말할 것도 없습니다. 30년 노력이 답입니다.

055

근심걱정은 할 필요가 없다

어진 사람은 근심하지 않는다.

仁者不憂(인자불우)

근심은 자신의 안위를 걱정하기 때문에 생깁니다. 그러나 최선을 다한 뒤 하늘의 뜻을 기다리는 사람은 근심하지 않습니다. 하늘의 뜻에 어긋나는 일은 하지 않기에 양심의 가책도 느끼지 않습니다. 여러분은 어떤 일이 있어도 근심하지 말아야 합니다. 어떠한 경우에도 최선을 다해 살아가면 삶의 문제는 대부분 해결됩니다. 그리고 최선을 다하면 그 문제가 해결되지 않더라도 그리 심각한 상태로 다가오지 않게 됩니다. 그리고 양심대로 살아가면 근심할 일은 없게 됩니다. 실제로 우리가 근심할 일은 없습니다. 아무리 심각한 일이 있다고 해도 그것은 그리 심각하지 않으며, 견딜 수 있는 정도의 일이기 때문입니다. 우리는 그저 양심을 지키고 최선을 다해 인생을 살아가면 충분합니다.

056

말은 조심해서 하라

또렷또렷하게 말했지만 다만 조심조심했다.

便便言 唯謹爾(편편언 유근이)

말은 조심해서 해야 합니다. 말은 한번 하면 주워 담을 수 없습니다. 또 함부로 말하면 상대방에게 큰 상처를 주고 관계를 파괴시킬 수도 있습니다. 사람 마음에는 그릇된 부분도 있어서 마음대로 말하면 반드시 문제가 생깁니다. 따라서 상대방 마음을 살피면서 말해야 합니다. 될 수 있는 한 말을 아끼는 것이 좋은 방법입니다. 그리고 천천히 말해야 합니다. 빨리 말을 하다 보면 자칫 말실수를 할 수 있기 때문입니다. 분명히 내가 할 말은 해야 하지만, 그렇다고 하더라도 상대에 대한 존중과 배려는 충분히 해야 합니다. 상대 입장에서 나를 보는 자세를 지니고 말해야 하고, 항상 상대방은 어떻게 생각할지를 먼저 살펴보아야 합니다. 필요한 용건을 분명하게 말하되, 마음을 건드리는 말은 조심해서 해야 합니다.

057

사람이 먼저다

사람이 다쳤느냐고 묻고 말에 대해서는 묻지 않았다.

傷人乎 不問馬(상인호 불문마)

사람이 먼저입니다. 이 세상의 모든 것은 사람을 위해서 존재합니다. 그래서 무엇보다도 사람을 가장 먼저 생각하는 태도가 필요합니다. 될 수 있는 한 약자들을 배려해야 합니다. 그래야 모두가 안심하고 살 수 있는 사회가 됩니다. 그러나 그로 인한 문제들도 생길 수 있습니다. 인간은 본질적으로 이기적이기 때문에 역선택의 문제, 무임승차의 문제, 공유지의 비극 등이 발생할 수 있습니다. 그래서 그런 문제에 대해서도 충분히 고려해야 합니다. 또, 사람을 먼저 생각할 때도 지나친 감성은 주의해야 합니다. 단 한 명을 살리기 위해서 100만 명을 위태롭게 해서는 안 되기 때문입니다. 우리는 전적으로 사람을 먼저 생각하며 살아야 합니다. 그러나 그 방법이 그렇게 단순하지만은 않음도 인정해야 합니다.

058

객관적으로 자신을 본다

재주가 있거나 없거나 간에 다 각기 자기 자식을 두둔한다.

才不才 亦各言其子也(재부재 역각언기자야)

여러분 부모님은 여러분이 세상에서 가장 귀한 자식이라고 생각합니다. 여러분은 부모님에게 있어서 그 무엇과도 바꿀 수 없는 소중한 존재입니다. 그러나 세상은 냉정합니다. 객관적인 능력이 없으면 인정받을 수 없기 때문입니다. 따라서 스스로 냉정하게 자신을 되돌아보는 것이 필요합니다. 능력이 없다면 그 무엇도 될 수 없기 때문입니다. 부모님이 여러분을 칭찬하는 말은 깎아서 들어야 합니다. 그렇게 함으로써 자기 자신을 보다 객관적으로 보아야 합니다. '객관적으로 자신을 본다'는 말은 매우 중요한 말입니다. 사람들에게 인정받기 위해서는 누가 보더라도 인정할 수 있는 객관성이 있어야 하고, 이 객관성이 없다면 그 무엇도 될 수 없기 때문입니다. 여러분은 스스로를 객관적으로 볼 수 있어야 합니다.

059

선생님은 아버지다

나를 아버지처럼 여겼다.

視予猶父也(시여유부야)

요즘 선생님의 권위가 실추되고 있습니다. 그것은 선생님들이 자초한 면도 있고, 가정교육이 세대로 되지 못했기 때문이기도 하며, 학생들이 제멋대로 행동해서 그렇게 된 면도 있습니다. 이제부터 선생님의 권위는 여러분이 세워주어야 합니다. 물론 선생님이 모든 것을 다 잘하지 못할 수도 있습니다. 그러나 선생님을 존중해야 합니다. 선생님을 존중하면 선생님도 여러분을 존중할 것입니다. 성적 향상을 위해서도, 인격 성숙을 위해서도 학교에서 선생님을 충분히 존중하세요. 가능하다면 선생님과 대화를 많이 나누세요. 공부뿐만 아니라 사적인 이야기도 많이 나누고, 선생님께 삶을 배우세요. 그리고 선생님께 조언을 구하세요. 선생님을 믿으면, 선생님도 여러분을 키워줄 것입니다.

060

오늘에 집중하라

삶에 대해서 알지 못한다면 어떻게 죽음에 대해서 알 수 있겠는가.

未知生 焉知死(미지생 언지사)

지금 현실의 문제가 아니라 죽음의 문제라든지, 우주와 우주인의 존재나 신의 존재를 탐구하는 문제라든지, 인간은 어디에서 왔고 어디로 가는지 등에 대한 문제에 호기심을 가지는 것은 좋습니다. 인간이 삶을 사는 데 반드시 풀어야 할 숙제와도 같은 질문이기도 합니다. 그러나 지금 너무 깊이 빠지지는 마세요. 그것은 나중에라도 충분히 생각해볼 수 있습니다. 지금은 지금 해야 할 일에 집중하세요. 지금 여러분이 해야 할 일은 공부하는 것입니다. 지금에 충실하세요. 몇 번이고 말하지만 공부를 잘하지 못해도 괜찮습니다. 성실하게 생활하고, 때때로 그것에 미치세요. 성실과 미침만 있으면 반드시 성공합니다. 공부는 학습능력 외에도 성실성을 기르는 측면이 강합니다. 성실하게 생활하는 사람은 어떤 분야로 뛰어들어도 반드시 성공합니다.

061

자신의 실력이 가장 중요하다

남의 자식을 망치는구나.

賊夫人之子(적부인지자)

　　능력이 되지 않는 자식에게 부모가 큰 역할을 맡기는 것은 자식을 망치는 일입니다. 몇 번이나 이야기했지만 이 세상은 냉정합니다. 또 이 세상은 이익을 위한 극렬한 투쟁의 장이기도 합니다. 그래서 바른 길을 걸어가도 험담하고 비난합니다. 삶 자체가 힘들기도 하고, 고독하기도 하며, 강인한 마음이 필요하기도 합니다. 그런데 실력마저 없다면 어떻게 어려움이 빗발치는 상황을 이겨낼 수 있을까요? 나의 인생은 나의 노력과 능력으로 만들어나가야 합니다. 하나부터 열까지 전부다 그래야 합니다. 그 누구의 도움도 받지 말아야 합니다. 실제로 그렇게 해야만 이 세상을 흔들림 없이 살아갈 수 있기 때문입니다. 여러분은 부모님께 지나치게 의지하지 말아야 합니다. 대신 모든 것은 내가 해나가겠다고 마음먹어야 합니다.

062

인간은 운 앞에 무기력하다

죽고 사는 것은 운명에 달려 있고,
부유하고 고귀한 것은 천운에 달려 있다.

死生有命 富貴在天(사생유명 부귀재천)

운 앞에 무력한 것이 인간입니다. 삶은 부조리하기 때문입니다. 여러분이 태어나고 싶어서 태어난 것이 아니죠. 여러분이 죽고 싶다고 해서 죽는 것 또한 아닙니다. 삶의 가장 기초적인 부분인 태어남과 죽음조차도 마음대로 할 수 없는 것이 삶입니다. 타고난 능력도 다릅니다. 부모를 선택할 수도 없습니다. 태어난 국가, 태어난 시대를 선택할 수도 없습니다. 만약 500년 전에 태어났다면 노비였을 수도 있고, 그러면 평생 노예 생활만 하다가 죽어야 하는 것입니다. 희망이 없는 삶입니다. 몽고전쟁기나 임진왜란기에 태어났다면 전쟁으로 죽을 수도 있고, 포로로 잡혀갈 수도 있습니다. 아프리카에 태어났거나 북한에 태어났다면 굶어죽을 수도 있는 것입니다. 모든 것은 하늘의 뜻에 달려 있습니다. 따라서 우리는 지금 최선을 다하면서 오늘을 즐겁게 살아야 합니다.

063

게으름을 피우지 않으면 꿈을 이룰 수 있다

게으름이 없다.

無捲(무권)

여러분이 가장 경계해야 할 것은 게으름입니다. 무조건 부지런해야 합니다. 절대로 몸을 놀리면 안 됩니다. 놀아도 밖에 나가서 놀아야지 컴퓨터 게임을 하면서 놀면 안 됩니다. 몸이 부지런해야 합니다. 그 점을 명심하세요. 몸을 움직이면 건강해지고 무엇이라도 수확이 생깁니다. 그것이 실행입니다. 실행은 몸으로 하는 것입니다. 몸을 움직이면서 방청소라도 하고, 서점에라도 가고, 도서관에라도 가서 책을 보세요. 해야 할 공부라면 책상에 앉아서 공부하고, 지겨우면 걸으면서라도 영어단어를 외우세요. 언제나 부지런한 태도가 여러분이 가장 중시해야 할 모습입니다. 부지런만 하면 삶의 위기는 대부분 사라집니다. 공부를 하더라도 중상위권에는 무난하게 올라갑니다. 무엇을 하든 게으름을 멀리하면 꿈은 이루어집니다.

064

타인의 단점을 공격하지 않는다

자신의 나쁜 점을 고치고 남의 나쁜 점을 공격하지 않는다.

攻其惡 無攻人之惡(공기악 무공인지악)

자신의 나쁜 점이 있으면 즉시 고쳐야 합니다. 그러나 남의 나쁜 점에 대해서는 부드럽게 충고하고 공격하지는 말아야 합니다. 자신의 나쁜 점을 고치는 것은 수준 높은 일이고 어려운 일입니다. 따라서 이것에 성공한 사람은 수준 높은 사람입니다. 이런 일은 아무나 하지 못합니다. 하지만 타인에게 그것을 강요하면 안 됩니다. 어려운 일은 오직 자신만이 할 수 있습니다. 타인이 단점을 고치지 못하더라도 그것을 탓하면 안 됩니다. 자신의 솔선수범으로 감화시키고 변할 수 있도록 묵묵히 지켜보고 응원해주어야 합니다.

065

직접적으로 화를 내면 안 된다

하루아침의 분노로 자신의 신세를 잊어버리고
화가 부모에게까지 미치게 하는 것이 의혹된 일 아니겠는가.

一朝之忿 忘其身 以及其親 非惑與(일조지분 망기신 이급기친 비혹여)

어떤 일이 있더라도 돌이킬 수 없는 일을 하면 안 됩니다. 대표적으로 폭력이 그것입니다. 그것은 자신을 망치고 부모님에게까지 피해를 끼치는 일입니다. 젊을 때는 혈기가 고르지 않기 때문에, 특히 10대에는 더 그렇기에 주의해야 합니다. 한번 참지 못하면 인생이 180도 달라집니다. 우발적인 실수로 인생을 완전히 망칠 수도 있음을 명심하세요. 화가 나는 일이 있으면 일단 밖으로 나가서 달래세요. 그리고 종이를 꺼내서 그 사람에게 편지를 쓰세요. 그런 다음 편지를 보내지는 말고 서랍에 넣어두세요. 이 방법은 미국 역사상 최고의 대통령인 링컨이 사용했던 방법입니다. 분노를 잘 다스려야 합니다. 그리고 모든 사람들을 온유한 마음으로 포용해야 합니다. 그래야 큰인물이 됩니다.

066

친구에게 충고한다

충심으로 말해주고 잘 인도한다.

忠告而善道之(충고이선도지)

친구가 잘못된 길로 간다면 충심으로 충고해야 합니다. 그리고 좋은 길로 이끌어야 합니다. 그것이 진정한 친구입니다. 친구가 잘못된 길로 갈 때 수수방관한다면 그는 좋은 친구가 아닙니다. 적극적으로 개입하고 충고해야 합니다. 그것을 친구가 싫어하더라도 그렇게 하는 것이 친구의 도리입니다. 그러나 세 번 정도 말하는 선에서 그쳐야 합니다. 그 이상은 간섭이 될 수 있기 때문입니다. 그다음부터는 스스로의 몫으로 돌려야 합니다. 원칙적으로 여러분은 친구에게 충고를 하세요. 그러나 세 번까지만 하고 그다음부터는 친구에게 맡기세요. 인생의 마지막 한 걸음은 결국 혼자서 가야 하는 것이기 때문입니다.

067

모르면 말하지 않아야 한다

군자는 자기가 알지 못하는 것에 대해서는 대개
말하지 않고 잠자코 있다.

君子於其所不知 蓋闕如也(군자어기소부지 개궐여야)

🍁 　모르는 것에 대해서는 말하지 않는 것이 옳습니다.
아는 것이라면 이야기를 하는 것이 옳지만, 모르는 것에 대해
서 말하는 것은 모두에게 피해를 줄 수 있습니다. 그래서 모르
는 부분에 대해서는 다른 사람들의 의견을 들어보아야 합니
다. 그리고 공부해야 합니다. 그래서 정확히 알고 나서 이야기
해야 합니다. 그래야만 진정한 도움을 줄 수 있기 때문입니다.
아는 것은 안다고 하고 모르는 것은 모른다고 말해야 하며, 아
는 것은 말하고 모르는 것은 말하지 않아야 합니다. 그리고 그
렇게 말하기 위해서는 공부가 필수입니다.

068

최고 전문가에게 물어보라

나는 늙은 농부만도 못하다.

吾不如老農 (오불여로농)

농사에 관한 한 농부가 여러분보다 많이 압니다. 따라서 농사를 짓기 위해서는 농부에게 물어야 합니다. 마찬가지로 국어는 국어 선생님에게, 운동은 체육 선생님에게 물어야 합니다. 어떤 일이든 그 일에는 전문가 혹은 대가(大家)가 있습니다. 그들은 가장 높은 수준의 지식과 능력을 보유하고 있습니다. 그래서 지식을 얻기 위해서는 그들에게 물어보아야 합니다. 어디에 가더라도 내 스승은 있고, 어떤 부분이든 대가는 있으니, 내가 최고가 되기 위해서는 최고에게서 조언을 구해야 합니다. 그런데 그럴 여건이 되지 않는다면 내 옆에 있는 사람에게라도 배워야 합니다. 늘 사람들에게서 배워야 합니다. 배워야 성장할 수 있기 때문입니다.

069

이용할 수 없는 지식은 의미가 없다

비록 시를 많이 외운다 한들 또한 어디에 쓰겠는가.

雖多 亦奚以爲 (수다 역해이위)

지식을 많이 암기하고 있어도 사용하지 않는다면 소용이 없습니다. 공부는 사용할 수 있어야 합니다. 사용한다는 것은 사람들을 위한 가치를 생산할 수 있어야 한다는 말입니다. 어떤 지식이라도 사람들을 위한 가치를 생산해내야 합니다. 그래서 우리는 지식을 사람들에게 이익이 될 수 있도록 가공하는 능력에 주목해야 합니다. 또한 공부를 하면 반드시 사용할 수 있도록 노력해야 합니다. 학문은 오직 이용에 목적을 두어야 하고, 이용될 수 없다면 그것은 가치가 없는 것입니다. 여러분은 공부에 있어서 이 점을 명심해야 합니다.

070

인생은 항상 어렵다

임금 노릇하기도 어려우며 신하 노릇하기도 쉽지 않다.

爲君難 爲臣不易(위군난 위신불이)

이 세상에 쉬운 일은 없습니다. 어떤 일도 파고들어가 보면 어려움은 한둘이 아닙니다. 그래서 옆에서 볼 때는 하찮은 일도 직접 해보면 크게 놀라게 됩니다. 너무 힘들기 때문입니다. 여러분은 지금 하고 있는 공부가 힘들 것입니다. 그리고 하기 싫을 것입니다. 그래서 대학에 빨리 입학하고 빨리 어른이 되고 싶을 것입니다. 그러나 어른이 되면 늘 말합니다. 학창시절로 돌아가고 싶다고. 그때가 좋았다고. 그러나 어른들도 잘 모르고 있습니다. 학생 때로 다시 돌아간다면 다시 어른이 되고 싶다고 말할 것을. 학생으로서 공부를 제대로 하는 것도 만만한 일이 결코 아니기 때문입니다. 여러분은 지금 하고 있는 일을 열심히 하면서 후회 없이 해나가세요. 그렇게 하면서 내일을 맞으세요. 그것이 가장 현명한 10대의 길입니다.

071

인물은 작은 이익에 집착하지 않는다

조그만 이익을 보려고 하면 큰일을 이루지 못한다.

見小利 則大事不成 (견소리 즉대사불성)

자잘한 인간이 되어선 안 됩니다. 큰사람이 되어야 합니다. 10대 때의 뜻은 그래야 하고, 20대, 30대 때도 마찬가지입니다. 큰일을 이루고자 하는 사람이 작은 이익에 사로잡혀선 안 됩니다. 스케일이 큰 사람은 작은 생각을 하지 않습니다. 명문대에 입학하지 못하면 자살을 한다든지, 내신 1등을 하기 위해서는 컨닝도 하겠다든지, 어떤 식으로든 빨리 돈을 많이 벌면 된다든지 하는 생각을 하지 않습니다. 인류를 위해서, 세계를 위해서, 내가 죽고 난 다음에도 많은 사람들에게 도움을 주기 위해서 일을 하는 것입니다. 여러분은 적어도 300년 이후의 삶을 보고 살아야 합니다. 모름지기 인물이라면 그래야 합니다.

072

공손함과 예의

평상시에 몸가짐을 공손히 한다.

居處恭 (거처공)

사람들에게 예의 바르게 대하는 것은 매우 중요합니다. 선생님께도, 친구에게도 예의를 지켜야 합니다. 부모님께도 당연히 그래야 합니다. 평소에 말과 행동을 조심해야 합니다. 10대 때에는 쉽지 않은 일이기도 합니다. 그러나 습관으로 삼도록 노력해야 합니다. 그것이 인간이 가야 할 길이기 때문입니다. 다른 사람의 마음을 따뜻하게 배려하는 것은 반드시 필요한 일입니다. 10대, 꿈이 있다면 사람들을 품을 수 있어야 합니다. 그 중심에는 공손과 예의가 있음을 잊지 말아야 합니다.

073

약속은 지켜야 한다

자기가 말하는 것을 부끄러워하지 않는다면 실천하기 어렵다.

其言之不怍 則爲之也難(기언지부작 즉위지야난)

　　사람은 자신의 말에 책임을 져야 합니다. 자신의 말에
전적인 책임을 지지 않는다면 신뢰를 얻을 수 없습니다. 또 실
행 불가능한 약속은 지킬 수 없기 때문에 신중히 약속해야 합
니다. 즉 자신이 한 말에는 책임져야 하기 때문에 말은 몇 번이
고 생각해본 뒤에 내뱉어야 합니다. 특히 자신에게 유리한 일
일수록 덥석 약속하게 되는데, 그러면 이후 곤란을 당하게 되
는 경우가 생깁니다. 항상 약속에는 신중하고, 약속한 후에는
지키도록 해야 합니다.

074

군자는 나날이 발전한다

군자는 높은 데로 발전하고 소인은 낮은 데로 퇴보한다.

君子上達 小人下達(군자상달 소인하달)

인생은 문제의 연속입니다. 끊임없이 문제가 생깁니다. 삶을 둘러싼 문제들, 건강 문제, 인간관계 문제 등 온갖 문제가 끊이지 않습니다. 군자는 문제가 있을 때마다 그 문제를 멋지게 극복하며 나날이 발전합니다. 그러나 소인은 문제가 있을 때마다 그 문제에 지거나 도망을 침으로써 나날이 퇴보합니다. 우리는 어떤 삶을 살아야 할까요? 당연히 군자의 삶입니다. 우리는 힘든 일이 있을 때마다 그것을 내 삶을 성장시킬 수 있는 계단으로 삼아야 합니다. 힘들 때마다 그것에 정면으로 맞서면서 나를 강인하게 단련시켜야 합니다. 삶이란 터전에서 평생토록 긴장감을 풀면 안 됩니다. 사람은 항상 열심히 살아가는 것을 지향해야 합니다.

075

일류의 조건

실수를 적게 하고자 하면서도 아직 제대로 되지 않는다.

欲寡其過 而未能也(욕과기과 이미능야)

일류는 항상 자신을 반성합니다. 일류는 20~30대에 그 일을 하고 수십 년이 지나 나이가 60~70세가 넘어도 항상 자신에게 잘하고 있는지 물으면서 일을 합니다. 즉 그는 이미 일류인데도 여전히 긴장의 끈을 놓지 않고 있는 것입니다. 그는 알고 있습니다. 그가 일류일 수 있는 건 평소에 필사적으로 일하고 있기 때문이라는 걸 말입니다. 그는 방심하면 곧바로 이류, 삼류로 떨어질 것을 알고 있습니다. 일류를 꿈꾼다면 평생 동안 정진해야 합니다. 그 일에 익숙해지고 편안해지면 안 됩니다. 같은 패턴에 빠져 안이해져서도 안 됩니다. 일류는 새로운 마음으로 항상 힘들고, 항상 치열하게 일해야 합니다. 그것이 일류가 될 수 있는 조건입니다.

076

성공하는 사람은 남을 비판할 시간이 없다

나는 그럴 겨를이 없다.

我則不暇(아즉불가)

성공하는 사람은 남을 비판할 겨를이 없습니다. 자신을 닦는 데에도 시간이 없기 때문입니다. 그러나 실패하는 사람들은 남을 비판하는 데 열심입니다. 그러나 정작 자신의 일은 다른 곳에 시간을 허비해 제대로 할 시간조차 없습니다. 그 결과 자신은 삼류가 되고 실패한 삶을 살고 맙니다. 성공한 삶을 살려면 남을 비판하기보다는 자신을 바로잡는 데 주력해야 합니다. 여러분이 평생 동안 가질 수 있는 시간은 너무 적습니다. 특히 10대 때에는 더욱 더 그렇습니다. 여러분은 남의 흠에 주목하지 말고, 자신을 똑바로 세우는 데 노력을 기울여야 합니다. 여러분은 스스로의 시간을 가장 소중한 곳에 사용하는 지혜를 발휘해야 합니다.

077

중요한 것은 덕이다

천리마는 그 능력을 칭찬하는 것이 아니다.

驥不稱其力(기불칭기력)

인간에게 가장 중요한 것은 덕(德)입니다. 즉 어진 마음입니다. 사람을 순수하게 사랑히는 마음입니다. 인간다움을 지향하며 사는 것입니다. 남도 보살피는 것입니다. 그런 마음이 인간에게 가장 중요합니다. 능력은 그다음입니다. 능력으로 그 사람을 칭찬하는 것은 그뿐입니다. 진정으로 그 사람을 칭찬하는 것은 그 사람의 덕입니다. 그것이 오랫동안 우리의 가슴을 적시고 우리를 웃게 만듭니다. 덕이 있으면 인생을 풍요롭게 살아갈 수 있습니다. 여러분은 어진 마음으로 살아감으로써 자신을, 나아가 세상까지 따뜻하게 만들어야 합니다.

078

10대는 수양의 시기

자기 자신을 수양하여 모든 일에 조심해야 한다.

修己以敬(수기이경)

여러분은 우선은 자기 자신을 닦는 일에 집중해야 합니다. 우선은 자기 자신을 닦아서 자기 자신을 우뚝 세워야 합니다. 그렇게 함으로써 덕을 갖추고 실력과 힘을 갖추어야 합니다. 또 사람을 대할 때는 공경하고 예의를 지켜야 합니다. 또 말과 행동을 조심해야 합니다. 그렇게 살아가는 것이 군자의 기본적인 삶입니다. 여러분은 궁극적으로 수신제가치국평천하의 삶을 살아가야 합니다. 자기 자신을 닦은 후 가정을 닦고 나라를 닦으며 끝내는 천하를 변화시키는 삶을 살아야 합니다. 그런 삶을 위해 자기 수양을 하고 공손함을 간직하며 하루하루 최선을 다해서 오늘을 보내야 합니다. 10대는 바로 치열한 수양의 시기입니다.

079

모든 것은 인(仁)할 때 의미가 있다

나는 하나의 이치로써 모든 사물을 꿰뚫었다.

子一以貫之(여일이관지)

인(仁)한 마음, 즉 어진 마음 하나로 모든 사물을 꿰뚫을 수 있습니다. 사랑하고 용서하며 사는 삶은 모든 진리를 관통할 수 있습니다. 일자무식의 할머니라도 어진 마음으로 선량하게 살아온 분은 느껴지는 기운이 다릅니다. 그러나 공부를 많이 했더라도 존경할 수 없는 사람도 있습니다. 인간의 길은 많이 배웠다고 만들어지는 것이 아닙니다. 인간의 길은 오직 어진 마음과 순수하게 사람을 사랑하는 마음으로 만들어집니다. 여러분이 열심히 공부하는 것도 궁극적으로는 세상을 이롭게 하기 위한 것입니다. 만약 공부하는 목적이 나 혼자 잘 먹고 잘사는 것뿐이라면 결국 소인에 머물고 맙니다. "모든 것은 인(仁)할 때 의미가 있다"는 것을 기억한다면 여러분은 더 크게 성장할 수 있습니다.

080

미래의 대비

먼 앞날에 대한 생각이 없으면 반드시 가까운 근심이 생긴다.

無遠慮 必有近憂(무원려 필유근우)

    미래를 대비하지 않는 사람은 희망을 일구지 않는 사람입니다. 그런 사람은 비전도 없고, 꿈도 없고, 희망도 없습니다. 사람은 내일을 생각하며 살아야 합니다. 내일에 대한 대비, 내일에 대한 꿈을 품고 살아야 합니다. 그리고 그것을 현실로 만들기 위해 치열하게 실천해야 합니다. 1년은 52주입니다. 1주에 한 가지씩 일을 한다면 52개의 일을 할 수 있는 셈입니다. 즉 1년은 52주의 합이고, 52개 업적의 합입니다. 즉 목표를 세운 뒤, 일주일 동안 해야 할 양을 정해서 일주일 몫을 치열하게 실천해야 합니다. 그렇게 해서 일주일 단위로 목표에 대한 진척도를 측정하면서 실천해야 합니다. 그래야 목표가 내 손에 쏘옥 들어옵니다. 여러분은 미래에 대한 목표를 세워야 합니다. 그리고 그 실천을 1주 단위로 해야 합니다.

081

자기 자신에게서 찾는다

군자는 자신에게서 찾고 소인은 남에게서 찾는다.

君子求諸己 小人求諸人 (군자구저기 소인구저인)

어떤 일이 잘못되면 군자는 자신에게서 잘못을 찾지만 소인은 남의 탓을 먼저 합니다. 여러분이 성공을 하고자 한다면 남 탓은 하지 마세요. 설사 남이 잘못했더라도 남을 탓하지 마세요. 남을 변화시킬 수 없다면 내가 변화되어야 합니다. 여러분은 여러분 삶의 주인이 되어야 합니다. 스스로의 삶을 마음대로 이끌고 가야 합니다. 상황에 이끌리거나 남의 생각에 따라 휘둘리는 꼭두각시 인형이 되어서는 안 됩니다. 스스로의 생각과 뜻대로 사세요. 그렇게 살기 위해선 무엇보다도 자신에게로 모든 초점을 돌려야 합니다. 그래서 나의 능력과 실력으로 상황을 주도해야 합니다.

082

작은 일과 큰일

작은 일을 참지 못하면 큰 계획을 망쳐버린다.

小不忍 則亂大謀(소불인 즉난대모)

여러분에게 명문대 합격이라는 목표가 있다면 다른 것은 잠시 포기하세요. 그것은 작은 것입니다. 친구들과의 만남, 연애, 여행 등을 잠시 접어두세요. 그런 것들을 지금 하는 것은 목표를 그르치는 것입니다. 여러분은 작은 일에 쉬이 넘어가면 안 됩니다. 그런 작은 욕망들에 넘어가면 목표는 물 건너갑니다. 작은 실수를 넘어가면 큰일은 할 수 없습니다. 또 작은 욕심 때문에 도둑질을 하면 큰일은 할 수 없습니다. 여러분은 작고 사소한 것들에 주의해야 합니다. 그것이 욕망이라면 포기해야 하고, 잘못이라면 절대로 범하지 말아야 합니다. 만약 그런 실수들을 했다면 즉시 바로잡아야 합니다. 그리고 다시는 반복하지 말아야 합니다. 큰일은 그런 작고 소소한 일이 영향을 미치며 이루어지기 때문입니다.

083

나의 눈으로 확인하라

여러 사람들이 다 미워하더라도 반드시 잘 살펴보아야 하며,
여러 사람들이 다 좋아하더라도 반드시 살펴보아야 한다.

衆惡之必察焉 衆好之必察焉(중오지필찰언 중호지필찰언)

　　세상 사람들은 사람이나 사물에 대해 좋고 나쁨을 평
가할 것입니다 다수가 평가를 내리면 대부분의 사람들은 그
것이 옳은 줄 압니다. 즉 내가 직접 겪어보지도 않고 그 평가를
믿어버립니다. 그러나 그것은 큰 잘못입니다. 세상 사람들이
잘못된 것이라면 어떻게 할 것입니까? 세상 사람들이 틀린 것
일 수도 있습니다. 역사를 돌아보면 심지어 가장 합리적이라
고 불리는 과학에서조차 사람들은 그런 실수를 범해왔습니다.
'천동설'을 무려 1500년 동안 진리라고 믿어온 것입니다. 당연
히 진실은 '지동설'이었습니다. 대다수 사람들이 무려 1500년
동안 그것을 진실이라고 말했지만 그것은 명백한 거짓이었습
니다. 지금도 그런 일들은 있을 수 있습니다. 따라서 대다수가
그렇게 말하더라도 내 눈으로 확인하는 것이 중요한 것입니다.

084

공부가 답이다

가르치기만 하면 계층 구별 없이 다 훌륭하게 될 수 있다.

有敎無類(유교무류)

🍁 자기 스스로 하는 학습이 중요합니다. 입시공부도 학원에 가지 않고 스스로 하는 것이 중요합니다. 학원에 가더라도 스스로 공부하지 않으면 성적은 결코 오르지 않습니다. 복습을 해야만 진정으로 자기 것이 되기 때문입니다. 스스로 공부하면 성적은 오릅니다. 그러면 당당하게 대학에 입학할 수 있습니다. 그리고 대학에 가서도 독서를 열심히 하면 어떤 상황에서도 삶을 굳건하게 살아갈 근본적인 힘을 얻게 됩니다. 그래서 어떤 상황에서도 좌절하거나 굴하지 않고 전진할 수 있게 됩니다. 또 높은 수준의 지식이 있기 때문에 어떤 조직에 가서도 주도적인 역할을 하게 됩니다. 요즘은 스스로 열심히 공부만 하면 계층 구별 없이 누구나 성공할 수 있습니다. 10대에도, 20대에도, 30대에도 그렇습니다.

085

친구의 조건

편벽한 사람을 벗하며, 아첨하고 성실하지 못한 사람을 벗하며,
말재주만 있는 사람을 벗하면 손해가 된다.

友便辟 友善柔 友便佞 損矣 (우편벽 우선유 우편녕 손의)

세상물정에 밝은 사람, 아첨하고 성실하지 못한 사람, 말솜씨만 화려한 사람과 친구하는 것은 손해입니다. 왜 그럴까요? 세상물정에 밝은 사람은 친구를 이용하려고 하기 때문입니다. 또 세상의 모든 것을 돈으로만 보고 계산기를 두드리기 때문입니다. 그래서 가까이 하면 이용만 당하게 되고, 내가 쓸모없어지면 버림받습니다. 둘째로 아첨하고 성실하지 못한 사람은 내게 쓴소리를 하지 않음으로써 나를 엇나가게 할 수 있습니다. 또 성실하지 못하기 때문에 항상 사회에서 말석에 앉아 비참하게 살 것입니다. 셋째로 말솜씨만 있는 친구는 말만 화려하지 실천을 하지 않기 때문에 빈 수레 같은 삶을 살 것입니다. 그러니 인간미가 있고 성실하며, 쓴소리를 하고 말보다는 실천을 앞세우는 사람과 친구해야 합니다.

086

칭찬은 친구를 춤추게 한다

남의 좋은 점을 말하기를 좋아한다.

樂道人之善(낙도인지선)

남을 칭찬하는 것은 좋은 장점입니다. 사람은 칭찬받기를 좋아합니다. 거의 언제나 그렇다고 해도 지나치지 않습니다. 그래서 칭찬을 해주면 그 사람의 마음은 행복해집니다. 또 서로의 관계가 더 친밀해집니다. 따라서 될 수 있으면 주변 사람들을 자주 칭찬하는 것이 좋습니다. 둘이 있을 때도 좋고, 여러 명이 있는 자리에서 하는 것도 좋습니다. 다만 무언가를 얻기 위해서 칭찬을 하면 안 됩니다. 그것은 아첨입니다. 칭찬은 대가 없이 그 사람을 순수하게 사랑하는 마음으로 해야 합니다. 그리고 칭찬은 아끼지 말아야 합니다. 어떤 경우에도 잘하는 점에 대해서는 칭찬해야 하고, 그래서 그 사람을 행복하게 하는 것은 좋은 일입니다.

087

상대방을 살피면서 대화해야 한다

상대방 얼굴빛을 보지 않고 말하는 것을 장님이라 한다.

未見顏色而言 謂之瞽(미견안색이언 위지고)

상대방 얼굴빛을 살피면서 말해야 합니다. 즉 그 사람의 기분을 충분히 살피면서 말해야 합니다. 그래야 상대방의 공감을 얻을 수 있습니다. 상대방 마음을 생각하지 않고 자기 마음대로 말하면 관계는 파괴됩니다. 그렇게 되면 어떤 사람도 자신을 따르지 않게 됩니다. 그래서 대화할 때는 상대방을 살피는 마음이 필요합니다. 그런 것은 일종의 '대화의 객관성'이라고 할 수도 있습니다. 내가 말하고 싶은 대로 말할 것이 아니라, 객관적으로 다른 사람들이 받아들이고 납득할 수 있는 객관적인 말을 하라는 것입니다. 대화할 때는 상대방에 대한 충분한 배려가 없다면 어떤 대화도 이어갈 수 없다는 점을 명심해야 합니다.

088

고교시절은 그래도 공부다

젊었을 때는 혈기가 아직 안정되지 않았으므로
경계할 점이 여색에 있다.

少之時 血氣未定 戒之在色(소지시 혈기미정 계지재색)

저는 남녀공학 고등학교에 다녔습니다. 그래서 좋아
하던 후배 여학생이 있었습니다. 당시 저는 많이 괴로워했습니
다. 집에 와서도 그 여학생이 계속 생각났기 때문입니다. 새벽
3시까지도 음악을 들으며 그 후배를 생각했던 적도 있습니다.
당시 옆방에는 전도사님이 살고 있었는데 그래서 조언을 구하
기도 했습니다. 그 당시를 생각하면 추억이기도 합니다만, 고
교시절에는 그래도 공부에 집중해야 합니다. 공부를 하고 운
동을 함으로써 연애에 대한 생각을 풀어야 합니다. 물론 쉽지
않을 수도 있습니다. 저 역시도 쉽지만은 않았습니다. 그러나
지나보면 그래도 공부라는 생각이 듭니다. 그때의 연애라는
것은 단순한 추억에 불과할 뿐, 결혼까지 이어지기도 힘들고,
시간만 낭비할 뿐이기 때문입니다. 고교시절은 그래도 공부입
니다.

089

꾸준한 노력은 평범한 사람을 비범하게 만든다

태어나면서 아는 사람은 으뜸이요, 배워서 아는 사람은 그다음이요,
애써 배워서 아는 사람은 또 그다음이다.

生而知之者 上也 學而知之者 次也 困而學之 又其次也
(생이지지자 상야 학이지지자 차야 곤이학지 우기차야)

타고나기를 머리가 좋은 친구는 있습니다. 개인의 능력 차라는 것은 분명히 있습니다. 그것은 공부, 운동, 예술 등 모든 분야에서 뚜렷하게 나타납니다. 똑같은 시간을 노력한다고 모두 같은 결과가 나오는 것이 아닌 것입니다. 그렇다면 어떻게 해야 할까요? 더 열심히 노력하는 수밖에 없습니다. 그렇게 노력하면 결국 뛰어난 수준에 다다르게 됩니다. 그리고 평생을 꾸준히 열심히 하면 역사에 획을 그을 수준으로도 올라갈 수 있습니다. 그러니 포기는 금물입니다. 인생은 장기 경주입니다. 여러분이 지금 공부를 못하더라도 나중에 노벨상을 받을 수도 있습니다. 일본에서는 지방대 출신의 샐러리맨이 노벨상을 받기도 했습니다. 지금 공부를 못하더라도 평생을 열심히 공부하면 높은 수준으로 올라설 수 있습니다. 꾸준한 노력은 평범한 사람을 비범하게 만들기 때문입니다.

090

참으면 인생이 달라진다

분하면 곤란할 것을 생각한다.

忿思難(분사난)

여러분, 화가 나면 그다음을 생각해야 합니다. 순간적인 화를 참지 못하면 인생을 망치고 맙니다. 인생은 아차 하는 순간에 모든 것이 끝날 수도 있습니다. 절대로 참지 못하면 안 됩니다. 어떠한 경우에도 지켜야 할 선은 분명히 있습니다. 그 점을 명심하길 바랍니다. 여러분이 순간적인 화를 참지 못해 폭행을 하면 감옥에 갈 수도 있습니다. 그러면 여러분 인생은 사실상 엄청난 제약을 받게 됩니다. 감옥행은 사회적인 사형선고일 수도 있습니다. 여러분의 부모님, 가족들을 생각한다면 그런 일은 있을 수 없겠지요? 사람은 어떠한 경우에도 참을성을 간직해야 합니다. 참는 것은 여러분의 인생을 결정짓는 문제입니다.

091

서울대 법대를 나와도 아무런 소용이 없는 삶

이득을 보고는 의리를 생각한다.

見利思義(견리사의)

이익은 어떤 경우에도 도리에 맞아야 합니다. 그것이 잘못된 수단을 거친 이익이라면 얻어서는 안 됩니다. 그것은 결국 큰 화를 불러오기 때문입니다. 그것이 얻어서 되는 이익인가 아닌가를 판단하는 기준은 올바름에 있습니다. 여러분은 사회적으로 성공한 사람들이 감옥에 가는 걸 많이 보셨을 것입니다. 그런 삶은 어떻습니까? 서울대 법대를 나와도 아무런 소용이 없는 삶이죠. 그래서 그런 사람들 중에는 자살로 생을 마치는 사람들도 있는 것입니다. 부정적인 방법으로 얻는 이익에 대해서는 절대 손을 내밀지 마세요. 심지어 굶는 상황에 있더라도 그래야 합니다. 지금 그 이익으로 밥 한 공기를 먹으면 밥 한 공기에 내 인생 전부를 파는 것이지만, 원칙을 지키면서 열심히 일하면 언젠가는 반드시 비상할 기회가 오기 때문입니다. 재능과 능력도 올바름을 잃으면 모든 빛을 잃습니다.

092

인생은 자기 힘으로 살아가는 것이다

군자가 자기 아들을 멀리하는 것을 들었다.

聞君子之遠其子也(문군자지원기자야)

혹시 여러분 부모님이 여러분을 오냐오냐 키우나요? 그러면 여러분에게는 희망이 없습니다. 세상은 그렇게 물러터지지 않았기 때문입니다. 편하게만 살면 나중에 거친 세상을 살 힘이 없습니다. 그런 면에서 자식을 엄하고 힘들게 키우는 부모님은 대단히 현명하신 분입니다. 여러분은 힘들게 커야 합니다. 부모님에게 모든 것을 챙겨받기보다 자기 손으로 하나하나 해야 합니다. 그런 습관을 몸으로 길러야 합니다. 그렇게 해서 나중에 스무 살이 되고 서른 살이 되어서도 당당하게 살아갈 수 있어야 합니다. 주위를 보면 그 나이가 되고도 부모님이 하라는 대로만 하는 어이없는 사람들이 많습니다. 그런 사람들에게는 미래가 없습니다. 확고한 자기 생각과 자기 행동이 없기 때문입니다. 여러분은, 인생은 나 자신의 힘으로 살아가는 것이라는 진리를 명심하면서 살아야 합니다.

093

인생은 습관이다

천성은 서로 비슷하나 습관에 의해서 서로 멀어진다.

性相近也 習相遠也(성상근야 습상원야)

여러분, 습관이 중요합니다. 인생은 습관입니다. 학교 다닐 때는 습관 만들기가 참 좋습니다. 규칙적으로 학교에 가야만 하니까요. 여러분은 지금 절호의 기회를 맞고 있는 겁니다. 여러분은 자신의 생활을 습관으로 만들어야 합니다. 그리고 반복해서 실천해야 합니다. 의지력은 잠깐이지만 습관은 여러분의 몸을 움직이는 힘으로 작용하기 때문입니다. 학교에 일찍 등교하세요. 아침 시간에 자습하세요. 수업을 듣고 쉬는 시간에는 복습하세요. 점심식사 후에는 친구들과 이야기하거나 운동장에서 운동을 하세요. 학교를 마친 이후에도 공부하는 습관을 이어나가세요. 일요일에는 독서하면서 휴식과 생각하는 시간을 가지세요. 그런 습관을 만들면 여러분은 반드시 크게 성장할 것입니다.

094

따스함, 공감, 인간미

너그러우면 여러 사람의 마음을 얻을 수 있다.

寬則得衆(관즉득중)

사람은 첫 번째로 너그러워야 합니다. 즉 다른 사람에 대한 순수한 관심과 사랑이 있어야 합니다. 그것은 일종의 따스함이고, 공감이며, 인간미입니다. 이런 마음이 있어야 옆의 사람이 편안함을 느낍니다. 그래서 함께하고 싶어집니다. 이것은 친구 간에도 마찬가지이고 남녀 간에도 마찬가지입니다. 너그러움에서 나오는 편안함이 가장 중요합니다. 사람을 얻고 싶다면 사람에 대해 순수한 마음을 가지고 너그럽게 대하도록 하세요. 그리고 마음 깊숙한 곳에 사람에 대한 순수한 사랑을 심도록 하세요. 그래서 마음 깊숙한 곳에서 그윽이 배어져나오는 따뜻함으로 사람을 감싸세요. 그렇게 편안함을 제공하면 사람들은 서서히 내 곁으로 모일 것입니다.

095

정신력의 힘

아무리 갈아도 닳지 않는다.

磨而不磷(마이불린)

단단한 것은 아무리 갈아도 닳지 않습니다. 마찬가지로 정신도 견고하다면 어떤 힘든 상황이 오더라도 결코 좌절하거나 포기하지 않습니다. 여러분은 정신의 힘을 강하게 키워야 합니다. 인생은 정신의 힘으로 결정됩니다. 정신만 강하면 밑에서도 치고 올라갈 수 있고, 정신이 약하면 하늘에서도 곤두박질칩니다. 공부도 마찬가지입니다. 전교 꼴찌에서도 전교 1등까지 될 수도 있습니다. 미친다면 말입니다. 그러나 아무리 공부를 잘해도 놀면 떨어집니다. 여러분이 사회에 나와서도 열심히 하면 언제든 인생은 극적으로 달라집니다. 그러나 최고로 잘나가더라도 방심하면 한순간에 모든 것이 끝장납니다. 세계 최고의 기업이었던 모토로라, 노키아, 파나소닉처럼 말입니다. 그래서 여러분은 무엇보다도 정신을 무장하고 살아야 하는 것입니다.

096

공부의 본질은 무엇인가

'음악이다, 음악이다'라고 말하지만, 종과 북을 말하는 것이겠는가.

樂云樂云 鐘鼓云乎哉(악운악운 종고운호재)

🌿 음악은 종과 북을 울리는 것이 아닙니다. 음악의 본질은 사람의 마음을 행복하게 해주는 것에 있습니다. 공부는 교과서를 읽고 정답을 맞히는 것이 아닙니다. 공부의 목적은 자신을 닦고, 그로써 세상을 이롭게 하는 것에 있습니다. 즉 공부의 본질은 열심히 정진함으로써 자신을 수양하는 것이고, 그것으로써 궁극적으로 세상을 이롭게 하는 것에 있습니다. 그러니 내 몸과 마음을 닦는다는 생각으로 공부하세요. 또 배움을 얻음으로써 내가 성장하기 위해서라는 생각으로 공부하세요. 그리고 궁극적으로 내 지식으로 이 세상을 이롭게 하겠다는 생각으로 공부하세요. 그것이 공부의 본질이고 여러분이 나아가야 할 방향입니다. 여러분은 지금 명문대 입학이 아니라 이 세상을 변화시키기 위해 공부하고 있는 것입니다. 그것이 여러분 공부의 진실입니다.

097

운명이다

배부르게 먹고 종일토록 지내면서 마음을 쓰는 곳이 없다면 곤란하다.

飽食終日 無所用心 難矣哉(포식종일 무소용심 난의재)

이 세상은 놀면서 살 수 있는 곳이 아닙니다. 열심히 일을 해야만 하죠. 학생이라면 그 본분은 공부입니다. 자신의 역할을 충실히 해야만 살아갈 수 있는 것이 이 세상입니다. 그러나 이런 생각도 듭니다. '우리는 무엇 때문에 이렇게 열심히 살아가는가? 왜 이렇게 살아가야만 하는가? 결국 무엇을 위해서인가? 그 끝은 무엇인가?' 저는 이렇게 생각합니다. 그 끝은 없습니다. 지금이 전부입니다. 지금 열심히 살아야만 살아갈 수가 있고, 그렇지 않으면 지금도 살아가지 못합니다. 우리는 열심히 살아야만 하는 운명이고, 이 운명의 굴레를 벗어날 수는 없습니다. 그렇다면 정답은 무엇일까요? 지금 열심히 하되, 지금을 마음껏 즐겨야 한다는 것입니다. 엄밀히 말해 끝이라는 것은 없는 것이며, 누구든 언제 죽을지 모르니, 그저 열심히 해야만 하는 운명인 거죠.

098

항해와 나침반

과감하기만 하고 융통성이 없는 사람을 미워한다.

惡果敢而窒者(오과감이질자)

우리는 지금 바다를 항해하고 있습니다. 이 바다는 삶이 될 수도 있고, 지식이 될 수도 있고, 일이 될 수도 있습니다. 우리는 이 바다를 항해하고 있습니다. 바다에서는 무엇이 필요할까요? 나침반입니다. 정확히 어디로 가야 할지 알아야 하기 때문입니다. 그런데 나침반만 있으면 될까요? 아니죠. 항해를 하면서 계속 나침반을 확인하는 일이 필요합니다. 배가 비바람과 폭풍으로 계속 흔들리기 때문입니다. 그래서 어디로 가야 하는지에 대한 방향확인은 수시로 이루어져야 합니다. 그러면서 항해방식도 바꾸어야 하고, 항해방향도 바꾸어야 하며, 항해전략도 바꾸어야 합니다. 즉 융통성을 가지고 대처해야 하는 것입니다. 이것은 인생, 공부, 일 모두에서 필요합니다. 그래야 끊임없이 변화하는 환경과 상황 속에서 우리가 가고자 하는 곳으로 제대로 갈 수 있기 때문입니다.

099

바르게 살면 고통이 따를 수 있다

도리를 바르게 하여 사람을 섬기면 어디를 간들
세 번 쫓겨남을 당하지 않겠는가.

直道而事人 焉往而不三黜(직도이사인 언왕이불삼출)

사람은 바른 소리를 해야 한다고 말하지만, 누군가에게 바른 소리를 듣는 것은 대부분 싫어합니다. 왜냐하면 그것은 듣기 싫은 쓴소리이기 때문입니다. 그래서 그 사람을 진정으로 생각해서 쓴소리를 하면 좋지 않은 피드백이 옵니다. 그래서 오히려 내가 괴로움을 당하게 됩니다. 그러나 진정으로 큰 뜻이 있는 대장부라면 올바른 말을 해야 합니다. 그것은 친구에게든, 선생님에게든, 부모님에게든, 나중에 취업을 한다면 상사나 사장님에게든 반드시 해야 합니다. 단순히 그 사람의 표정이나 말이 좋지 않다는 것을 두려워해 바른 소리를 하지 않는다면 바르게 인생을 사는 것이 아닙니다. 그것은 내 인생을 낭비하는 것이 됩니다. 큰 기상을 가지고 올바름을 지향하며 이 세상을 변화시키겠다는 큰 뜻을 품고 바르게 나아가야 합니다.

100

인간은 불완전하다

한 사람에게 모든 것이 완전하기를 요구하지 않는다.

無求備於一人 (무구비어일인)

    사람은 모두가 불완전합니다. 그래서 완전하기를 바라는 것은 잘못된 것입니다. 누구나 단점이 있고 흠이 있습니다. 완전한 인간은 아무도 없습니다. 그래서 사람을 사귈 때는 그의 불완전함을 충분히 인정하는 것이 필요합니다. 그래서 어느 정도 실수를 하더라도 넘어가는 관용이 필요합니다. 누구도 그 정도 잘못은 심심치 않게 합니다. 사람을 사귈 때는 모든 것에 대한 완벽함을 요구하지 말아야 합니다. 친구는 인간적으로 신뢰할 수 있거나 아니면 내게 배움이 되는 부분이 있거나 하면 됩니다. 그러나 어느 한 부분도 때로는 마음에 들지 않을 수 있다는 걸 알아야 합니다. 인간은 불완전한 존재이니까요.

101

목숨을 걸고 삶의 고통에 맞서는 담력

위태로운 것을 보고 목숨을 바친다.

見危致命(견위치명)

인간은 살아가면서 언제 어떤 위기가 닥칠지 모릅니다. 그런데 대부분의 사람들은 위험이 닥치지 않을 것이라고 여기며 살아갑니다. 그래서 각종 범죄피해, 암이나 에이즈 같은 불치병, 이혼, 친척 간의 재산분쟁, 교통사고로 인한 장애, 사기로 인한 재산상실, 자연재해로 인한 죽음 등은 내게 없을 것이라고 생각합니다. 그러나 그것은 착각입니다. 남에게 일어난 일은 내게도 일어날 수 있습니다. 우리는 그런 상황이 되면 그 상황에 맞서야만 합니다. 인간에게는 '목숨을 걸고 삶의 고통에 맞서는 담력'이 반드시 필요합니다. 살다 보면 누구에게나 크고 작은 삶의 고통이 닥치기 때문입니다. 우리는 어떠한 상황에서도 흔들리지 않는 사람, 위기에 오히려 빛을 발하는 강한 사람이 되어야 합니다. 우리는 고통에 정면으로 맞섬으로써 삶을 지배해야 합니다.

102

공부란 내가 모르는 것을 배워나가는 것이다

날마다 자기가 모르던 것을 알다.

日知其所亡(일지기소망)

학문의 길은 멀고 험합니다. 그러나 한편으로는 쉽기도 합니다. 왜냐, 몸이 계속 고생을 하면 되기 때문입니다. 공부란 새로운 것을 배워야 하는 것입니다. 특히 모르는 것이 많아서 끙끙대며 힘들게 공부한 것일수록 좋은 것입니다. 공부란 내가 모르는 것을 배워나가는 것이기에 열심히 해야만 알수 있는 것입니다. 이 과정은 당연히 힘듭니다. 그렇기 때문에 어느 정도 공부를 하면 쉬고 싶어집니다. 그러나 진정한 학문이란 계속해서 모르는 것을 깨나가는 것이며, 이 깨나감이 적어도 20년 이상 지속되었을 때 큰 빛을 발하게 되는 것입니다. 여러분은 지금 공부의 첫출발에 있습니다. 이제부터 20년 이상 계속 그렇게 치열하게 공부해야 한다는 점을 기억해두세요. 그렇게 여러분이 계속 열심히 나아간다면 반드시 학문으로 대성하게 될 것입니다.

103

신뢰는 실천에서 나온다

신임을 얻은 뒤에야 그 백성들을 부릴 수 있다.

信而後勞其民(신이후로기민)

🌸
　　학생회장이나 반장 등은 학우들의 신뢰를 얻어야만 학우들과 함께 일을 해나갈 수 있습니다. 신뢰가 없다면 친구들은 따르지 않습니다. 그렇다면 어떻게 신뢰를 얻을 수 있을까요? 신뢰는 몸으로 실천해야 합니다. 말로는 아무도 따르지 않습니다. 그래서 힘든 일을 도맡아서 하겠다는 생각으로 일해야 합니다. 그러면 친구들은 믿고 따릅니다. 결국 신임은 실천입니다.

104

가난하면 모든 것을 잃게 된다

천하가 곤궁해지면 하늘이 내리는 복이 영원히 끊어질 것이다.

四海困窮 天祿永終 (사해곤궁 천록영종)

순임금은 요임금에게 만약 천하의 백성들이 가난하게 된다면 하늘이 너에게 내린 왕위도 영원히 잃어버릴 것이라고 말했습니다. 가난하면 모든 것이 의미가 없어집니다. 어느 정도의 가난함은 이겨나갈 수 있는 고통이 되지만, 지나치게 가난하면 큰 혼란이 발생합니다. 그것은 가난을 견디기가 실제로 쉽지 않기 때문입니다. 가난하면 국가도, 기업도, 가정도 파괴되고 맙니다. 부자가 되는 것이 삶의 유일한 목표가 될 수는 없지만, 경제의 중요성은 분명히 인식해야 합니다. 가난하면 국가도 망하고, 기업도 망하며, 가정도 망하기 때문입니다. 나아가 한 개인의 삶도 피폐해집니다. 인간은 건실한 노동을 통해 부(富)를 생산해야 합니다.

105

진정으로 사람을 돕는 것은 무엇인가?

은혜를 베풀되 낭비하지 않는다.

惠而不費(혜이불비)

남을 도와주는 데는 돈이 듭니다. 대체로는 그렇습니다. 그래서 보통 남을 돕는 것은 어렵다고 생각합니다. 그러나 돈으로 남을 도울 수도 있지만, 그 사람의 능력을 제대로 쓸 수 있도록 해줄 수도 있습니다. 그것이 더 중요합니다. 그 사람을 자립하게 하기 때문입니다. 국가나 기업도 사람을 돕는 일을 돈 몇 푼 주는 것으로 해결해선 안 됩니다. 그래선 끝도 없습니다. 그것은 낭비입니다. 그 대신 그 사람이 스스로 자립할 수 있도록 도와야 합니다. 그러면 그 사람은 자존감도 가질 수 있고, 돕는 데 큰 비용도 들지 않습니다. 진정으로 그 사람을 돕는 것은 그 사람이 스스로 살아갈 수 있는 힘을 키워주는 것입니다.

106

나의 천명은 무엇인가?

천명을 알지 못하면 군자가 될 수 없다.

不知命 無以僞君子也(부지명 무이위군자야)

사람에게는 하늘로부터 받은 명(命)이 있습니다. 그래서 그 명을 실천하다가 죽는 것이 삶입니다. 그 명은 바로 사명입니다. 그것은 스스로 발견해야 합니다. 여러분이 무엇을 이뤄놓고 저세상으로 가고 싶은지, 또 무엇을 하면 즐거울지를 아는 것입니다. 그러면 그것에 매진하면 되고, 그러면 행복해집니다. 그런데 사람이 살다 보면 좋지 않은 일도 당하게 됩니다. 예를 들어 장애인이 될 수도 있고, 원하는 직업을 갖지 못할 수도 있으며, 경제적으로 파산할 수도 있습니다. 그러나 천명을 아는 사람은 그런 것에 실망하지 않습니다. 자신이 실천하고 가야 할 명이 있음을 알기 때문입니다. 사람은 언제나 실망하지 않고 전진해야 합니다. 바로 자신의 사명을 실천하기 위해서 말입니다. 여러분의 사명은 무엇인가요?

107

먼저 대화해본다

말을 듣고 알지 못하면 사람을 알 수 없다.

不知言 無以知人 也(부지언 무이지인야)

사람을 알려면 대화를 해보아야 합니다. 물론 말로 사람을 전부 다 알 수는 없습니다. 말만 잘하는 경우도 있으니까요. 그러나 1차적으로는 대화를 해보아야 그 사람의 마음을 알 수 있습니다. 대화를 하고 나서 믿음이 가지 않는다면 사귀지 않는 것이 좋습니다. 무엇보다도 사람은 마음이 우선이기 때문입니다. 마음의 됨됨이가 바르지 않다면 함께해서는 안 됩니다. 사람을 잘못 만나면 모든 것을 망칠 수도 있기 때문입니다. 여러분은 사람을 사귀기 전에 대화를 깊이 해보는 것을 잊지 마시길 바랍니다.

둘

맹자
언제까지나
의로움으로 나아가라

108

이익은 언제나 의리와 함께해야 한다

의리를 뒤로 돌리고 이익을 앞세운다면
빼앗지 아니하고는 만족하지 않는다.

爲後義而先利 不奪不饜(위후의이선리 불탈불염)

의리가 없는 사람은 자기만족을 위해서 살인까지도
저지를 수 있습니다. 명심하세요, 여러분도 잘못하면 범죄자
가 될 수도 있다는 걸! 범죄자는 특이한 사람일까요? 천만에
요. 보통 사람도 잘못 마음먹으면 범죄자가 될 수 있습니다.
특히 어려운 상황에 있으면 더 그렇습니다. 따라서 자기 마음
관리를 잘해야죠. 특히 이익을 보고는 더 그래야 합니다. 의리
가 중요합니다. 살면서 의리가 없는 사람은 성공을 하더라도
감옥에 갈 가능성도 많습니다. 그런 점을 알고 이익만을 앞세
우지 마세요. 이익은 언제나 의리와 함께해야 빛이 나는 거랍
니다.

109

어르신께 공경하는 자세

머리가 센 사람은 길에서 짐을 지거나 머리에 이고 다니지 않는다.

頒白者 不負戴於道路矣(반백자 불부대어도로의)

여러분은 버스나 지하철에서 나이 많으신 어르신께 자리를 양보하나요? 꼭 보면 자리를 양보하지 않고 영어단어를 외우고 있는 학생이 있습니다. 그런 학생을 두고 우리는 이런 말을 하죠. "공부 잘해서 뭐하나?", "너 혼자 잘 먹고 잘살아라." 이런 학생은 미래가 없습니다. 자기만을 위해서 살 사람입니다. 어르신을 공경하는 마음을 가지세요. 어르신은 그런 대접을 받을 만한 마땅한 자격이 있습니다. 또 먼 훗날 여러분의 모습이기도 합니다. 어떤 경우에도 어르신께는 공경하는 자세를 지녀야 합니다. 그러면 모두가 행복해질 수 있으니까요.

110

핑계를 대는 건 나약한 자세다

농사가 안 된 것을 세월 탓으로 돌리지 마라.

無罪歲(무죄세)

제발 환경 탓하지 마세요. 환경에 화가 나더라도 탓하지 마세요. 어떻게든 극복해야 하는 것이 여러분의 운명이니까요. 그렇다고 희망을 포기하면 그건 뭐죠? 아무것도 아니죠. 또 "이래서 못했다, 저래서 못했다"고 말하면서 실패를 합리화하는 것은 얼마나 화가 나는 일인가요? 이미 자신의 삶은 쓰레기더미가 되고 말았는데! 명심하세요! 세상은 엉망진창이라는 걸. 부조리가 엄청나게 많다는 걸. 그것을 탓하면 절대로 성공 못합니다. 여러분은 모든 문제를 스스로의 힘으로 이겨내야 합니다. 어떤 것도 핑계대선 안 됩니다. 그건 나약한 자세니까요.

111

열심히 하지 않았기 때문에 못하는 것이다

하지 않는 것이지 하지 못하는 것이 아니다.

不爲也 非不能也(불위야 비불능야)

잘하지 못하는 것은 대부분은 열심히 하지 않았기 때문입니다. 하려고 작정하고 하면 대개는 윤곽이 드러나게 됩니다. 특히 공부라는 것은 더 그렇습니다. 제 할아버지께서 늘 제게 하시던 말씀이 있습니다. "100미터 달리기는 11초에서 10초가 되는 것이 무척 어렵다. 더군다나 만점이 없다. 그래서 너무 어렵다. 그러나 시험은 내가 풀어서 전부 다 맞히면 된다. 정해진 범위 내에서 문제가 나오니까 열심히 하면 반드시 만점이 가능하다. 그러니까 하면 된다." 달리기는 0초가 나올 수가 없습니다. 애초에 만점이 불가능합니다. 그러나 시험은 열심히 하면 만점을 받을 수 있습니다. 일단은 열심히 해보세요. 일단 해보고 나서 이야기하세요. 해보고 되면 공부로 길을 찾으면 됩니다. 만약 안 되면 그때는 또 다른 방향으로 나가면 됩니다.

112

웃어른을 진심을 다해 공경한다

내 노인을 노인으로 섬겨서 남의 노인에게까지 미쳐 나간다.

老吾老 以及人之老(노오로 이급인지로)

여러분의 할아버지, 할머니를 얼마나 예의 바르게 대하나요? 여러분의 부모님을 얼마나 예의 바르게 대하나요? 공경하는 마음은 있나요? 여러분, 성공하고 싶죠? 그럼, 여러분의 부모님과 조부모님을 진심으로 생각하세요. 부모님을 진심으로 생각하는 사람은 게으름 피우지 않기 때문입니다. 악착같이 공부하기 때문입니다. 그러나 집에서 부모님과 조부모님께 공손하지 않는 사람은 밖에 나와서도 그렇게 합니다. 결국 사회에서 문제를 일으키게 됩니다. 원칙적으로 가정이 바로잡혀 있으면 사회문제는 일어나지 않습니다. 여러분의 부모님, 조부모님께 진심을 다하세요. 그 속에 여러분의 성공과 사회의 안정이라는 놀라운 진실이 들어 있으니까요.

113

인생은 열심히 사는 것에 의의가 있다

방탕하게 노는 즐거움과 사냥이나 음주를 즐기는 행동이 없다.

無流連之樂 荒亡之行(무류런지락 황망지행)

인생은 열심히 사는 것에 의의가 있는 것입니다. 그런데 이 말이 싫으시죠? 왜냐하면 열심히 하는 것은 힘들고 노는 것은 달콤하니까요. 연애는 하고 싶고, 학교는 가기 싫고, 공부도 하기 싫죠? 그리고 하루 빨리 졸업하고 싶죠? 원래 그때는 다 그렇습니다. 그러나 인생의 본질은 열심히 사는 것입니다. 여러분이 열심히 안 살면 어떻게 될까요? 그럼 온갖 잡생각 탓에 아마 미친 사람이 되고 말 것입니다. 그런데도 시간은 가고, 여러분 삶에 희망이 없으니 삶의 의미도 없죠. 열심히 살지를 않으니까요. 결국 폐인이 되는 겁니다. 부디 열심히 사세요. 무엇을 하든 미친 듯이 하세요. 그렇게 살아야 희망도 생기고, 삶의 의미도 발견하게 됩니다.

114

모든 것은 사람이 만든다

오래된 나라라는 것은 높고 큰 나무가 있는 것을 말하는 것이 아니다.

故國者 非謂有喬木之謂也(고국자 비위유교목지위야)

좋은 나라는 높은 건물이 있는 나라가 아닙니다. 훌륭한 사람들이 많은 나라입니다. 사람이 국가의 흥망을 결정합니다. 한 집안도 사람이 미래를 결정합니다. 지금 여러분의 집안이 잘살더라도 여러분이 제대로 하지 않으면 망하고 맙니다. 지금 여러분의 집안이 못살더라도 여러분이 제대로 하면 금방 일어납니다. 모든 것은 사람이 만드는 것이니까요. 진정 모든 것은 사람이 만듭니다. 국가도, 기업도, 가정도 다 그렇습니다. 여러분은 앞으로 우리나라를 빛낼 보석들입니다. 하는 일을 열심히 하세요. 그럴 때 여러분의 삶은 물론 우리나라의 미래도 바뀌게 됩니다.

115

삶은 한 대로 받는 것이다

너에게서 나온 것은 너에게로 돌아간다.

出乎爾者 反乎爾者也(출호이자 반호이자야)

여러분은 여러분이 한 대로 받는 것이 삶이라는 걸 알아야 합니다. 분명 여러분이 한 대로 받습니다. 모든 것이 그 렇습니다. 사람에게 대한 것도 똑같이 받고, 공부도 마찬가지 입니다. 물론 그렇지 않은 경우도 있지만 대부분은 그렇습니다. 그렇다면 어떻게 살아야 할까요? 사람들에게는 받고 싶은 대로 주어야 합니다. 흔히 대접받고 싶은 대로 대접하라고 하는데, 맞는 말입니다. 그리고 공부도 마찬가지입니다. 여러분이 한 만큼 성적은 나옵니다. 특히 영어와 수학은 암기과목이기 때문에 열심히만 하면 대부분 성적이 나옵니다. 삶은 한 대로 받는 것입니다.

116

올바름이 경쟁력이다

스스로 돌이켜 반성하여 정직하다면
비록 천만 명이 있더라도 내가 가서 대적할 수 있다.

自反而縮 雖千萬人 吾往矣(자반이축 수천만인 오왕의)

올바르게 행동한 사람은 천하무적입니다. 어디에 가
서도 당당할 수 있기 때문입니다. 그러나 올바르게 행동하지
않은 사람은 항상 전전긍긍입니다. 올바르지 않으면 당당할
수 없고, 언제든 사회에서 매장당할 수 있습니다. 모든 신뢰를
잃게 되는 것입니다. 인생은 올바르게 살아야 합니다. 모든 면
에서 정직하게 살아야 합니다. 그렇지 않으면 사회에서 제대
로 된 역할을 할 수 없기 때문입니다. 당당할 수 없기 때문입니
다. 사람은 올바르게 산다는 것이 가장 훌륭한 무기가 된다는
점을 잊어선 안 됩니다. 올바름, 그것이 경쟁력입니다.

117

삶은 스스로의 노력으로 만드는 것이다

하늘이 내린 재앙은 그래도 피할 수 있으나,
자기 스스로 지은 재앙에는 살 길이 없다.

天作孽猶可違 自作孽不可活(천작얼유가위 자작얼불가활)

삶은 스스로의 노력으로 만드는 것입니다. 그것은 100퍼센트 그렇습니다. 어떤 일이 있어도 자신의 힘과 지혜에 의지해야 합니다. 누군가의 도움이나 운이라는 것에 기대면 안 됩니다. 그런 일은 어지간해서는 일어나지 않으니까요. 그러고 보면 삶은 그래도 살아볼 만합니다. 내가 열심히 하면 그래도 잘 풀리니까요. 공부, 인간관계, 건강, 가족 등 모든 건 내하기 나름입니다. 문제가 있든 없든 간에 내 스스로의 노력에 달려 있는 것입니다. 내 운명의 키는 내가 쥐고 있습니다. 모든 결정권은 내게 있습니다. 그 점을 아시고, 보다 적극적으로 살아가세요. 적극적으로 살아가면 미래는 달라집니다. 그 무엇도, 그 누구도 내 삶을 방해할 순 없습니다.

118

차마 하지 못하는 마음

사람들은 모두 남에게 차마 하지 못하는 마음이 있다.

人皆有不忍人之心(인개유불인인지심)

사람에게는 남에게 차마 하지 못하는 마음이 있습니다. 이것은 일종의 동정심입니다. 이것은 남을 배려하고 존중하는 마음입니다. 이 마음이 국가를 다스리는 근본입니다. 그리고 삶을 살아가는 근본입니다. 여러분에게도 사람이면 으레 드는 동정심이나 양심이나 아픔 같은 것들이 있을 것입니다. 그런 마음을 잊지 마세요. 그 마음을 잊지 말고 사람을 대하세요. 그러면 여러분의 삶은 바름으로 나아갈 것입니다. 사람을 대할 때 내 생각만 고집하지 마세요. 그러면 탈이 생기게 마련이니까요. 사람은 원칙적으로 다른 사람을 보듬고 가야 합니다. 삶의 근본은 인간됨입니다. 인간미입니다. 그것이 우리 삶의 중심이 되어야 합니다. 그래야 우리의 삶은 물론 타인의 삶, 나아가 국가의 운명까지도 달라지기 때문입니다.

119

사양할 줄 아는 사람이 되어야 한다

사양하는 마음은 예의의 단서다.

辭讓之心 禮之端也(사양지심 예지단야)

사양할 줄 아는 사람이 되어야 합니다. 남이 베푸는 호의를 모두 다 받아선 안 됩니다. 그런 건 거지근성입니다. 잘못된 것입니다. 그러나 남의 호의를 거절하는 건 쉽지 않습니다. 따라서 의도적인 노력이 필요합니다. 사양하는 것이 예의인 것은 으레 예의상 권하기 때문입니다. 즉 베풀려는 마음이 없음에도 통상적으로 권하는 경우도 있습니다. 그러나 실제로 그렇게 권하면 그 사람에게는 큰 부담이 될 수도 있습니다. 그럴 때는 극구 사양하는 것이 예의입니다. 그것이 바름입니다. 사양함은 쉽지 않습니다만, 그렇게 하는 것이 바르게 사는 길입니다.

120

원망에서는 무엇도 나오지 않는다

자기를 내버려도 원망하지 않는다.

遺佚而不怨(유일이불원)

세상이 나를 버리더라도, 내가 성공하지 않더라도 원망하지 않는 마음이 필요합니다. 그 누구도 아닌 나 자신을 위해서입니다. 원망에서는 무엇도 나오지 않습니다. 원망만 하면 발전하지 못합니다. 실패하더라도, 성적이 낮더라도, 대학에 떨어지더라도, 교통사고를 당하더라도, 비참한 상황에 처하더라도 원망하지 말아야 합니다. 그때는 어떻게 하면 현재의 상황을 벗어날 수 있을까를 치열하게 연구해야 합니다. 그런 뒤에 뜨겁게 행동해야 합니다. 누구든 밑바닥에 처할 수 있습니다. 그러나 열심히 하면 반드시 달라집니다. 그렇기 때문에 여러분은 어떤 상황에 처하더라도 희망을 잃지 말아야 하는 것입니다.

121

중요한 것은 이 세상이 아니다

비록 내 곁에서 어깨를 걷어붙이고 몸을 드러내더라도
네가 어떻게 나를 더럽힐 수 있겠는가.

雖袒裼裸裎於我側 爾焉能浼我哉 (수단석라정어아측 이언능매아재)

내 앞에서 알몸을 드러내는 무례한 인간이 있더라도
내가 중심을 지키고 있으면 나를 더럽힐 수는 없습니다. 세상
이 아무리 혼탁해도 내 중심이 흔들리지 않으면 나는 더럽혀
지지 않습니다. 중요한 것은 이 세상이 아닙니다. 바로 나입니
다. 물론 나는 이 세상에 영향을 받습니다. 그래서 괴로움이 더
해집니다. 그러나 내가 나의 중심을 굳건하게 지키고 있다면
나는 깨끗할 수 있습니다. 세상에는 나를 유혹하고 흔들어놓
는 것이 많지만, 자신의 중심만 잘 지킨다면 원칙을 굳건히 지
키며 살 수 있습니다. 여러분도 마찬가지입니다. 여러분이 만
약 명문대에 입학하지 못하더라도 자신의 삶과 성공에 대한
주관이 뚜렷하다면 삶을 당당하게 살아갈 수 있습니다. 나아
가 세상에 더 큰 영향력을 미칠 수 있습니다.

122

내가 어려워지면 대부분 등을 돌린다

도와주는 사람이 지극히 적어지는 상황에 이르러서는
친척이 배반하게 된다.

寡助之至 親戚畔之 (과조지지 친척반지)

엄밀히 말해 부모를 제외하곤 모두 남입니다. 형제도
나이가 들면 도움이 안 됩니다. 자신의 가정을 책임져야 하느
라 바쁘거든요. 결국 남는 건 부모밖에 없습니다. 내가 어려워
지거나 부모님이 어려워지게 되면 모두 등을 돌립니다. 친구
는 말할 것도 없습니다. 끝내는 친척까지 등을 돌리고 연락을
끊습니다. 그런 경우는 많이 일어납니다. 결국 삶이란 그런 것
입니다. 자기 자신이 강하지 않고는 무엇도 안 되는 것입니다.
손 벌리면 다 싫어합니다. 도움을 주면 다 좋아합니다. 세상은
그렇습니다. 쓸쓸하지만 현실은 그렇습니다. 결국 도움을 주
는 사람이 되어야 합니다. 그리고 손을 벌리지 말아야 합니다.
그러나 걱정하지 마세요. 성실하게 살아가면 되니까요. 진정
으로 하늘이 감동할 정도로 열심히 살아간다면 반드시 길은
생깁니다.

123

바르게 살아가겠다는 삶의 자세

바른대로 의견을 다 말하지 않으면 도가 나타나지 않는다.

不直則道不見(부직즉도불현)

여러분은 친구에게 충고할 때 바른대로 의견을 다 말하나요? 아니면 듣기 좋은 말만 하나요? 진정으로 친구를 생각한다면 바른대로 이야기해야 합니다. 그것이 좋으면 좋다고 말하고, 나쁘다면 나쁘다고 말해야 합니다. 그 친구의 좋지 않은 반응 때문에 바른대로 이야기하지 않는 것은 올바른 행동이 아닙니다. 여러분은 언제나 가슴이 살아 있는 삶을 살아야 합니다. 솔직하게, 올바르게 살아야 합니다. 그런 삶을 살아야 당당하게 살아갈 수 있습니다. 그래야 세상을 눈치 보며 살지 않게 되고, 가슴 졸이며 살지 않게 됩니다. 우리는 가슴이 시원한 삶을 살아야 하고, 그런 삶을 살려면 무엇보다도 바르게 살아가겠다는 삶의 자세가 중요합니다.

124

실패할 것을 잊지 않는다

뜻있는 선비는 시신이 도랑과 골짜기에 버려질 것을 잊어버리지 않고,
용기 있는 선비는 자기 머리를 잃어버릴 것을 잊지 않는다.

志士不忘在溝壑 勇士不忘喪其元(지사불망재구학 용사불망상기원)

사람은 어떤 경우에도 실패할 것을 잊지 말아야 합니다. 항상 마음대로 풀리는 세상이 아니기 때문입니다. 그래서 안 될 것을 생각해야 합니다. 지금 열심히 공부하더라도 명문대에 들어가지 못할 수도 있습니다. 여러분 뜻대로 인생이 풀리지 않을 수도 있습니다. 도전을 했는데 실패할 수도 있습니다. 그런 점을 각오하고 나아가는 것이 인생입니다. 모든 인생은 각기 실패의 위험을 안고 있습니다. 그것을 이겨내야 하고, 또 각오해야 합니다. 여러분도 항상 실패를 염두에 두어야 합니다. 그래서 더 열심히 해야 하고, 경우에 따라서는 차선책도 생각해야 합니다. 안 될 때는 차선책이 최선책보다 더 나은 경우가 많기 때문입니다.

125

성공의 중심은 올바름에서 나온다

자기 지조를 굽힌 사람이 남을 바르게 펴는 경우는 없다.

枉己者 未有能直人者也(왕기자 미유능직인자야)

자기도 바르게 살지 않는 사람이 남을 바르게 할 수는 없습니다. 우선 자기부터 바르게 닦아야 합니다. 그것이 첫 번째입니다. 특히 리더를 꿈꾸는 학생이라면 더 그렇습니다. 리더는 주위에 영향력을 미치는 사람입니다. 리더가 바르지 않으면 동료들은 떠나게 됩니다. 무엇을 하든 사람 자체를 믿을 수가 없기 때문입니다. 따라서 외톨이가 되고 맙니다. 이것은 친구 간에도 마찬가지입니다. 사회생활에서도 그렇습니다. 우선 자기가 올발라야 합니다. 그래야 주위의 신뢰를 얻습니다. 그래야 자기와 비슷한 사람들이 모입니다. 그리고 보면 올바르다는 것은 삶의 가장 큰 자기계발 기술입니다. 왜냐하면 성공의 중심인 신뢰는 올바름에서 형성되니까요.

126

자신의 길을 흔들리지 않고 간다

뜻을 얻지 못하면 자기 혼자 자기의 갈 길을 걸어간다.

不得志獨行其道 (부득지독행기도)

여러분이 올바르게 살아도 세상은 여러분을 주목하지 않을 수도 있습니다. 세상이 여러분을 성공으로 이끌지 못할 수도 있습니다. 그러나 진정한 대장부는 그러한 것에 관계없이 자신의 길을 걸어갑니다. 즉 세상이 인정하든 하지 않든 간에 올바른 길을 가는 것입니다. 그리고 자기 자신에게 부끄럽지 않을 정도의 노력을 하며 사는 것입니다. 여러분은 다른 사람의 인정에 목을 매선 안 됩니다. 그것은 돈과 명예의 노예를 자처하는 삶입니다. 그런 삶 말고 자신의 삶을 사세요. 누가 인정하든 말든 관계하지 말고 여러분이 원하는 길을 가는 것입니다. 여러분은 여러분의 삶을 살아야 합니다. 그것은 사회적인 성공과 실패로 평가할 순 없는 것입니다. 여러분이 인정하면 여러분은 이미 승자입니다. 자신의 길에 확신을 가지고 가면 됩니다.

127

올바름에도 융통성은 필요하다

지렁이가 되어야 자기 지조를 채울 수 있을 자다.

蚓而後充其操者也(인이후충기조자야)

✿ 진중자는 자기 형인 대의가 의리에 맞지 않는 월급을
받는다고 하여 그 월급으로 마련한 밥은 먹지 않았고, 형의 집
은 의리에 맞지 않는 집이라고 하여 그 집에 거주하지 않고 혼
자 살면서 청렴결백하다고 믿었습니다. 즉 조그만 지조에 사
로잡혀 지렁이와 같은 삶을 자초하여 스스로를 청렴결백하다
고 믿었던 것입니다. 그러나 맹자는 이것을 비웃었습니다. 올
바름이라는 원칙은 소중합니다. 그러나 너무 작은 것에 얽매
여 현실을 외면하면 안 됩니다. 너무 맑은 물에서는 물고기도
살지 못합니다. 올바름을 중시한다고 해서 너무 작은 것에까
지 얽매이면 안 됩니다. 그러면 단 하나의 올바름도 실천할 수
없습니다. 올바름에도 융통성은 필요합니다.

128

중요한 것은 올바름이다

올바른 도리가 아니라면 한 대바구니 밥이라도 남에게 받아서는 안 된다.

非其道 則一簞食不可受於人 (비기도 즉일단사불가수어인)

올바른 것이 아니라면 어떤 이익도 받지 않겠다는 것이 삶의 원칙이 되어야 합니다. 그렇게 하지 않으면 이익만을 쫓아 옳지 않은 일에도 손을 내밀 수 있기 때문입니다. 양심에 어긋난 삶을 살아선 안 됩니다. 삶이 조금 힘들게 느껴지더라도 그래야 합니다. 배부른 돼지보다는 뜻과 양심을 지키는 선비로 사는 것이 더 멋진 삶이며 그런 삶이야말로 후회 없는 삶이기 때문입니다. 어떤 성공도 정도를 걷지 않는다면 빛을 잃고 맙니다. 중요한 것은 내가 올바른 길에 섰느냐 하는 것에 달렸습니다.

129

삶은 직분에 충실한 것으로 집약된다

임금이 되고자 한다면 임금의 도리를 극진히 해야 하고,
신하가 되고자 한다면 신하의 도리를 극진히 해야 한다.

欲爲君盡君道 欲爲臣盡臣道(욕위군진군도 욕위신진신도)

사람에게는 각자 자신의 직분에 맞는 행동이 있습니다. 학생일 때는 공부를 열심히 해야 하고, 선생님을 공경해야 하며, 부모님께 효도해야 합니다. 나중에 어른이 되고 나면 일을 열심히 해야 하고, 고객을 섬겨야 하며, 아내와 자식을 사랑으로 대해야 하고, 부모님께 효도해야 합니다. 삶은 직분에 충실한 것으로 집약됩니다. 그때 그 상황에 맞추어 내가 해야 할 도리를 최선을 다해 실행해야 합니다. 그러면 삶을 순조롭게 살아갈 수 있습니다. 여러분은 지금 공부를 열심히 하면 됩니다. 운동을 한다면 운동을, 연예인을 꿈꾼다면 노래와 춤을 열심히 하면 됩니다. 지금 여러분 직분에 맞는 노력을 다한다면 여러분은 기회를 맞을 수 있습니다.

130

인생을 크게 보면 성공은 중요한 것이 아니다

길은 두 가지니 어짊과 어질지 못함뿐이다.

道二 仁與不仁而已矣(도이 인여불인이이의)

인생에서 성공은 중요한 것이 아닙니다. 인생을 크게 보면 인간의 길을 가느냐, 못 가느냐 두 가지로 나뉩니다. 입으로 들어가는 음식이 중요한 것이 아니고, 넓은 집에 사는 것이 중요한 것이 아닙니다. 진정으로 중요한 것은 마음입니다. 어진 마음입니다. 인간이 결국 이루어놓고 가는 것은 남을 위한 선행입니다. 그것밖에 남지 않습니다. 그래서 언제나 겸손하고 다른 사람을 배려하며 섬기는 마음을 가져야 합니다. 그 마음으로 살아가야 합니다. 여러분이 가진 돈이 1000억이라도 그 돈이면 빌딩을 살 뿐이고, 빌딩은 무너지면 끝입니다. 그러나 여러분 마음에 어짊을 심고 다른 사람을 돕고 세상을 도우면 그것은 영원히 남는 것입니다.

131

어짊은 삶의 핵심이다

하·은·주나라 삼대가 천하를 얻은 것은 어질게 정치했기 때문이고,
삼대가 천하를 잃어버린 것은 어질지 못하게 정치했기 때문이다.

三代之得天下也以仁 其失天下也以不仁(삼대지득천하야이인 기실천하야이불인)

어질다는 것은 모든 삶의 핵심입니다. 그것은 국가통
치에서도 마찬가지입니다. 왜 그럴까요? 세상을 살아가는 일
은 사람과 함께 살아가는 것이기 때문입니다. 삶도, 기업경영
도, 국가경영도 그렇습니다. 인간세상을 꿰뚫는 진리는 사랑
과 자비입니다. 그리고 어짊입니다. 결국 따스함입니다. 사람
을 따스한 온기로 끌어안는 것입니다. 인생을 가장 지혜롭게
사는 것은 어질게 사는 것입니다. 매사에 냉혹함을 가지고 살
아가면 반드시 탈이 생깁니다. 타인과의 다툼이 생기고 원한
을 사게 됩니다. 결국 복수를 당해 목숨을 잃을 수도 있습니다.
국가의 경우도 쿠데타가 일어나거나 전쟁이 일어날 수도 있습
니다. 삶은 평안하게 살아가는 것이 가장 중요하고, 그렇게 살
기 위해선 모두가 어질게 살아가는 것이 중요합니다. 어짊은
삶의 핵심입니다.

132

삶과 세상은 내가 바꾸는 것이다

행하고도 결과가 나타나지 않으면 모두 자기에게 돌이켜 반성해야 한다.

行有不得者 皆反求諸己(행유부득자 개반구저기)

세상을 원망하고 탓하는 것이 인지상정입니다. 노력해도 안 되면 원망이 들게 마련이니까요. 그러나 모든 일은 내가 결정하는 것입니다. 심지어 세상 탓으로 일이 잘못되더라도 나를 탓해야 합니다. 왜냐하면 내가 대비했으면 상황은 달라졌을 테니까요. 삶은 내가 바꾸는 것입니다. 세상은 내가 변화시키는 것입니다. 우주의 중심은 나입니다. 모든 일을 되게만들려면 자신의 힘에 전적으로 의지해야 합니다. 인생을, 희망을, 미래를 포기해선 안 됩니다. 어떤 경우에도 그래야 합니다. 내가 끊임없이 노력하면 모두 바뀔 수 있으니까요.

133

하늘의 도리에 순종하는 삶

하늘의 도리에 순종하는 자는 살아남고,
하늘의 도리에 거역하는 자는 망한다.

順天者存 逆天者亡(순천자존 역천자망)

사람은 하늘의 도리에 순종하며 살아야 합니다. 하늘의 도리란 자연의 이치이기도 합니다. 그렇다면 무엇이 하늘의 도리일까요? 그것을 한마디로 이야기하기는 어려울 것입니다. 그러나 그래도 이야기를 해본다면 인간이 마땅히 걸어가야 할 길, 자연과의 공존을 도모하는 길이 되지 않을까 생각해봅니다. 지나친 욕심을 버리고 자족하며 사는 것, 절제하는 것, 성실히 일하는 것, 신의를 지켜 사람을 대하는 것, 만물을 소중히 여기는 것, 나를 위하듯 남과 이 세상을 위하는 것 등일 것입니다. 또 항상 마음의 긴장감을 놓지 않고 치열하게 사는 일도 포함될 것입니다. 하늘의 도리는 우리 마음속 깊은 곳에 있는 목소리일 수도 있습니다.

134

물이라고 다 똑같은 물은 아니다

창랑의 물이 맑으면 나의 갓끈을 씻을 것이요,
창랑의 물이 흐리면 나의 발을 씻을 것이다.

滄浪之水 淸兮可以濯我纓 滄浪之水 濁兮可以濯我足
(창랑지수 청혜가이탁아영 창랑지수 탁혜가이탁아족)

🍃 성철스님은 "산은 산이고 물은 물이다"라고 했습니다. 그러나 물은 물이 아닐 수도 있습니다. 물이라고 다 똑같은 물이 아니기 때문입니다. 맑은 물도 있고 더러운 물도 있습니다. 물의 맑고 더러움에 따라 행동을 달리하는 것이 바람직합니다. 때와 경우에 따라 다른 행동이 필요하기 때문입니다. 또 물이 그 맑음 여부에 따라 쓰임이 달라지듯 사람도 마음가짐의 맑음에 따라 쓰임이 달라집니다. 사람이라고 다 같은 사람이 아닙니다. 마음에 따라 다르기 때문입니다. 사람은 마음을 바르게 가지고 살아야 합니다. 우리는 때와 경우에 따라 다르게 행동하고 바르게 사는 것을 근본으로 삼아야 합니다.

135

사람을 잃으면 모든 것이 끝난다

걸과 주가 천하를 잃은 것은 그 백성을 잃었기 때문이다.

桀紂之失天下也 失其民也(걸주지실천하야 실기민야)

사람을 잃으면 모든 것이 끝납니다. 대통령을 하더라도 국민들이 등을 돌리면 끝입니다. 결혼을 해도 배우자가 떠나면 끝입니다. 친구도 떠나면 끝입니다. 사람은 사람을 떠나지 않도록 해야 합니다. 그럼 어떻게 해야 할까요? 그의 마음을 사로잡아야 합니다. 그렇다면 어떻게 마음을 사로잡을 수 있을까요? 그가 원하는 행동을 해야 합니다. 그의 요구를 들어주어야 합니다. 그것은 그를 위한 순수한 마음과 실천이 결합되면 가능합니다. 결과를 만드는 것은 정성입니다. 정성을 쏟으면 사람은 감동합니다. 결과를 만들어내면 감동합니다. 사람의 마음을 잡느냐 못 잡느냐 여부에 따라 작게는 가정, 크게는 국가까지 운명이 달라집니다.

136

자기를 사랑할 줄 알아야 남도 사랑할 수 있다

스스로를 해치는 사람과는 함께 말할 수 없고,
스스로를 버리는 사람과는 함께 일할 수 없다.

自暴者 不可與有言也 自棄者 不可與有爲也
(자포자 불가여유언야 자기자 불가여유위야)

다 거짓말입니다. 뭐가요? 남을 사랑한다는 말 말입니다. 왜냐고요? 자기를 사랑하지 않고는 남을 사랑할 수 없으니까요. 그러니까 자기를 사랑하지 않으면서 남을 사랑한다는 말은 모두 거짓말입니다. 실행할 수가 없기 때문입니다. 자기에게도 잘못하는 사람이 어떻게 남에게 잘한다는 말입니까? 그렇죠? 그러니까 세상을 위하고자 한다면 자기부터 구하세요. 자기 앞가림부터 하고, 자기 할 일부터 하고, 자기부터 성공하세요. 사람은 가장 이기적일 때 가장 이타적일 수도 있습니다. 왜냐하면 이타를 실행할 힘이 있기 때문입니다. 스스로를 사랑하세요. 스스로를 사랑하는 연습을 열심히 하세요. 그래야 남도 사랑할 수 있게 되니까요.

137

인과 의는 인생의 양대산맥이다

어짊은 사람의 편안한 집이요, 의리는 사람의 올바른 길이다.

仁人之安宅也 義人之正路也(인인지안택야 의인지정로야)

어질게 산다는 것은 우리의 평소 생활태도가 되어야 합니다. 그래서 사람들을 마음 편안하게 해줘야 합니다. 그렇게 하면 나도 편안해집니다. 관계란 서로 주거니 받거니 하는 것이니까요. 그리고 때에 따라서는 의(義)를 내세워야 합니다. 의는 올바름이고, 곧고 바른 것입니다. 이것은 때로는 철퇴를 가하는 것이기도 합니다. 그릇된 것을 바로잡는 것이기 때문입니다. 그래서 의를 행하는 데는 굳은 지조가 필요합니다. 어떠한 경우에도 굴하지 않고 바른 길을 가야 하기 때문입니다. 사람은 인(仁)을 오른손에, 의(義)를 왼손에 쥐고 살아야 합니다. 이것이야말로 인생을 지탱하는 양대 산맥이기 때문입니다.

138

바른 삶은 멀리 있지 않다

도가 가까운 곳에 있는데도 먼 곳에서 구한다.

道在邇 而求諸遠 (도재이 이구저원)

바른 삶을 산다는 것은 멀리 있지 않습니다. 도덕적인 삶, 인과 의를 추구하는 삶, 군자의 삶, 대인의 삶, 대장부의 삶을 사는 것은 멀리 있지 않습니다. 그것은 일상생활에 있습니다. 부모님을 존중하는 것, 선생님을 공경하는 것, 친구 간에 예의를 지키는 것, 열심히 공부하는 것, 지하철에서 어르신께 자리를 양보하는 것, 말 한마디라도 따뜻하게 하는 것, 필요할 때는 화를 내어 잘못된 것을 바로잡는 것이 바른 삶입니다. 그래서 공자와 맹자가 말하는 삶을 어렵게 생각할 필요가 없습니다. 그것은 지금 여러분이 할 수 있는 것이니까요.

139

우선은 팔로십!

아래 지위에 있으면서 윗사람에게 신임을 얻지 못하면
백성을 다스릴 수 없다.

居下位而不獲於上 民不可得而治也(거하위이불획어상 민불가득이치야)

여러분이 가장 먼저 배워야 할 것은 리더십이 아니라 팔로십입니다. 즉 윗사람을 섬기고 신임을 받는 기술을 먼저 배워야 합니다. 누구나 처음에는 리더를 따라야 할 입장이기 때문입니다. 여러분은 선생님의 믿음을 얻어야 하고, 나중에 취업을 해서는 상사의 믿음을 얻어야 합니다. 그런 능력이 없다면 온전한 리더십이 나올 수 없습니다. 물론 예외적으로 반골(反骨) 기질의 사람이 대성(大成)하기도 합니다. 그래서 말 잘 안 듣고 반항하는 사람이 더 잘 되는 경우도 있습니다. 그러나 일반적으로는 팔로십이 필요합니다. 여러분은 우선 섬기는 기술을 배워야 합니다. 그래서 신임을 얻으며 리더의 위치로 올라가야 합니다.

140

인생은 성실이다

성실히 함은 하늘의 원리요, 성실히 할 것을 생각함은 사람의 도리다.

誠者天之道也 思誠者人之道也(성자천지도야 사성자인지도야)

인생은 성실입니다. 인생을 한마디로 표현하면 성실하게 사는 것입니다. 어떤 일을 하든 마찬가지입니다. 성실하게 살지 않으면 살아갈 수 없기 때문입니다. 돈이 많으면 성실하지 않아도 된다고요? 하버드대에 입학하면 성실하지 않아도 된다고요? 돈이 많아도 성실하게 살지 않으면 폐인이 됩니다. 노는 것도 몇 년이지 50년간 어떻게 놀 수 있을까요? 사람이 그렇게 살 수는 없습니다. 반드시 정신적으로 문제가 옵니다. 좋은 음식도 하루 이틀 먹으면 좋지만 계속 먹으면 좋지도 않고 오히려 성인병이 오고 맙니다. 또 하버드대에 가더라도 20년 이상 열심히 공부하지 않으면 공부로 대성하기는 힘듭니다. 성실하지 않으면 무엇도 이룰 수 없습니다. 삶을 온전하게 이끌고 갈 수도 없습니다. 성실, 그것이 곧 인생입니다.

141

성실하면 남을 감동시킬 수 있다

지극히 성실하고도 남을 감동시키지 못하는 자는 있지 않다.

至誠而不動者 未之有也(지성이부동자 미지유야)

성실하면 반드시 남을 감동시킬 수 있습니다. 만약 노력했음에도 상대가 감동하지 않았다면 자신을 반성해야 합니다. 그리고 다시 노력해야 합니다. 남을 감동시키는 일은 만만한 일이 아닙니다. 또 가볍게 여길 수 있는 일도 아닙니다. 뼈를 깎는 노력이 필요합니다. 특히 상대가 처음에 적대적이라면 그것을 바꾸기 위해 갑절로 노력해야 합니다. 그런 노력은 언젠가는 빛을 봅니다. 진정으로 뜨겁게 노력한다면 말입니다. 그 사람이 누구든 감동시킬 수 없는 사람은 없습니다. 무엇보다도 나 자신을 반성하며 앞으로 전진해나가야 합니다.

142

사람을 알려면 눈을 보면 된다

사람에게 보존되어 있는 것 가운데 눈동자보다 더 좋은 것이 없다.

存乎人者 莫良於眸子(존호인자 막량어모자)

사람을 알려면 눈을 보는 것이 가장 좋습니다. 선량함이 있는가, 총명함이 있는가, 뜨거운 열정이 불타고 있는가, 강한 집념이 느껴지는가 등을 느낄 수 있는 가장 좋은 수단이 눈입니다. 눈은 항상 빛나야 합니다. 상대를 놀라게 할 정도로 빛나야 합니다. 그런 빛은 삶의 에너지가 있는 것이고, 삶을 크게 변화시켜보겠다는 강한 의지를 담고 있는 것입니다. 또, 눈을 보면 그 사람의 선량함을 알 수 있습니다. 눈에서 온기가 나오는가, 냉기가 나오는가도 중요한 요소입니다. 온기는 사람을 살리지만 냉기는 살기(殺氣)로 사람을 죽이는 기운입니다. 사람과 대화할 때는 언제나 눈을 주시하세요. 그럼 그 사람을 알 수 있으니까요.

143

효도의 출발은 자기 자신

자기 몸을 잃어버리면서 그 어버이를 잘 섬기는 자를
나는 들어보지 못했다.

失其身而能事其親者 吾未之聞也(실기신이능사기친자 오미지문야)

누누이 이야기하지만, 자기 앞가림이 가장 중요한 것
입니다. 자기 마음을 다스리는 일, 자기 삶을 멋지게 만드는 일
이 가장 중요한 것입니다. 자기도 사랑하지 못하면서 남을 사
랑한다는 말은 100퍼센트 거짓말입니다. 그렇게 할 수 있는
세상이 아니기 때문입니다. 부모님께 효도하려면 무엇보다 내
공부를 열심히 하세요. 내가 하는 일을 열심히 하세요. 앞뒤 가
리지 말고 죽도록 하세요. 그것이 가장 큰 효도입니다. 그렇게
해서 여러분이 세상 앞에 우뚝 섰을 때라야 부모님을 잘 섬길
수 있기 때문입니다. 자기 한 몸도 책임지지 못하면서 부모님
을 잘 모시겠다는 것은 있을 수 없는 일입니다. 이 세상은 자기
자신으로부터 출발합니다.

144

약속은 함부로 하지 않는다

그 말을 함부로 하는 것은 책임 추궁을 받지 않았기 때문이다.

易其言也 無責耳矣(이기언야 무책이의)

약속은 함부로 하지 마세요. 말도 함부로 하지 마세요. 모든 말은 책임져야 하기 때문입니다. 그래서 말은 될 수 있으면 많이 하는 것이 좋지 않습니다. 그리고 한번 했으면 책임을 져야 합니다. 물론 사람이 딱딱하게 살면 재미가 없죠. 그래서 장난도 치고, 이런저런 이야기도 많이 나눌 수는 있습니다. 그러나 약속은 신중해야 합니다. 그리고 한번 약속했으면 반드시 지켜야만 합니다. 몸이 부서지더라도 그래야 하는 것은 그것을 믿고 있는 상대방이 있기 때문입니다. 나는 그 말을 했으니 그 말에 대한 책임을 져야 하는 것입니다. 그것이 삶입니다. 약속에 대해서는 한 치의 양보도 없이 지킨다고 생각하세요. 그래서 신중하게 말하세요. 그러면 사람들은 여러분의 말을 믿을 것입니다. 그러나 그렇지 않다면 모두 등을 돌릴 것입니다.

145

사람은 평생 제자로 남아야 한다

사람의 병통은 남의 스승이 되기를 좋아하는 데 있다.

人之患 在好爲人師(인지환 재호위인사)

사람은 평생 제자로 남아야 합니다. 평생 학생으로 남아야 합니다. 계속 공부하고 계속 생각해야 합니다. 특히 스스로의 생각이 중요합니다. 끊임없이 생각해야 하고, 생각을 멈추면 안 됩니다. 지식을 쌓는 일도 마찬가지입니다. 그래야 하는 이유는 그래야 계속 발전할 수 있기 때문입니다. 누구나 나이가 80세 혹은 90세 혹은 100세가 되면 죽습니다. 인생이라는 것이 길어야 불과 100년이죠. 얼마나 짧습니까? 그동안 공부를 해보아야 얼마나 하겠습니까? 알아보아야 얼마나 알겠습니까? 사실 부끄러운 수준이죠. 여러분, 우리는 평생 학생으로 살아야 합니다. 그래서 끊임없이 발전해야 합니다. 100년간 공부한다고 하더라도 그 배움은 실제로 많이 짧으니까요. 늘 학생으로 남아서 배우고 또 배워 앞으로 나갑시다.

146

남의 단점을 말하지 않는다

남의 선하지 못한 점을 말하다가 후환이 닥쳐올 것을 어찌하려는가.

言人之不善 當與後患何(언인지불선 당여후환하)

    누구나 부끄러워할 부분은 있습니다. 이 세상에 성인은 없으니까요. 그것은 종교인도 마찬가지이고 예외가 없습니다. 이 세상에 신(神)은 없으니까요. 그래서 찾아보면 누구에게나 단점은 보이게 마련입니다. 그러나 그 단점을 말하고 다니는 것은 좋지 않습니다. 왜냐하면 사람의 원한을 사기 때문입니다. 원한을 사게 되면 언젠가 앙갚음을 당하게 됩니다. 살인도 사소한 일에서 발생합니다. '병신'이라는 한 단어로 살인이 일어났다면 믿을 수 있겠어요? 무시당했다는 이유로 살인이 일어나는 경우는 흔합니다. 사람의 자존감을 무참히 짓밟았기 때문입니다. 사람을 험담하는 일은 원한을 사는 일입니다. 그것은 결국 모두에게 화(禍)를 불러옴을 명심해야 합니다.

자신의 말을 지키지 않는다

대인은 말함에 있어 자신의 말이 반드시 믿어지기를 기약하지 않는다.

大人者 言不必信 行不必果 惟義所在(대인자 언불필신 행불필과 유의소재)

　　대인은 자신이 한 말대로 행동하지도 않고, 끝까지 수행하지도 않습니다. 그는 자신의 말을 끝까지 지키지 않습니다. 즉 말 바꾸기도 심심치 않게 하고, 변덕도 부리며, 어제의 말과 오늘의 말이 다르기도 합니다. 왜 그럴까요? 그것은 어제 했던 말이라도 상황이 변하면 전혀 다르게 행동해야만 하기 때문입니다. 대인은 자신이 했던 말을 지키기 위해 불구덩이로 뛰어가는 어리석은 사람이 아닙니다. 상황이 변하면 자신이 했던 말을 기꺼이 부정하는 사람입니다. 그는 때와 경우에 따라 다르게 행동하는 매우 현명한 사람입니다. 그는 언제나 상황이 바뀌면 자신의 모든 것을 변화시키는 진정한 변화주의자입니다.

148

중요한 것은 올바른 마음가짐이다

좌우 어느 쪽에서 선택하여 쓰더라도 그 근본과 만나게 된다.

取之左右 逢基原(취지좌우 봉기원)

진정한 도(道)를 체득한 사람은 어느 쪽을 선택하더라도 근본에 이르게 됩니다. 즉 어떤 수단을 쓰더라도 올바름으로 나아갈 수 있습니다. 예를 들어 좌파든 우파든 중요하지 않습니다. 진정한 도를 깨달으면 어떤 수단을 택하더라도 바름으로 나아갈 수 있기 때문입니다. 수단이 중요한 것이 아닙니다. 그 수단을 사용하는 마음가짐이 중요합니다. 그래서 바른 마음가짐만 가지면 어떤 방법으로 가든 바르게 나아가게 됩니다. 그래서 모든 일의 처음이자 끝은 바로 올바른 마음가짐입니다. 수단은 수단일 뿐, 진정으로 중요한 것은 마음입니다. 자본주의도 인간의 마음을 형상화한 제도이고, 법도 마찬가지입니다. 모든 것의 중심에는 올바른 마음이 있습니다.

149

선한 실천과 경제적인 이익이 중요하다

선으로써 남을 복종시키려 하는 사람 중에 남을 복종시킬 수 있는 자가 있지
않으니, 선으로써 남을 봉양한 이후에야 천하를 복종시킬 수 있는 것이다.

以善服人者 未有能服人者也 以善養人 然後能服天下
(이선복인자 미유능복인자야 이선양인 연후능복천하)

착한 일을 하라고 하면 아무도 듣지 않습니다. 그러
나 실제로 그 사람이 선행을 실천하고, 사람들을 경제적으로
먹고살 수 있도록 해주면 그의 말을 듣습니다. 중요한 것은 말
이 아닙니다. 실천과 실질적인 이익입니다. 사람들은 말에는
반응하지 않습니다. 그래서 선한 실천이 필요합니다. 그리고
선한 실천만으로는 변하지 않습니다. 자신에게 어떤 이익이
와야만 반응합니다. 그래서 정치를 하는 사람들은 국민들을
잘살게 만들어야 하고, 기업을 경영하는 사람들은 직원들을
잘살게 만들어야 합니다. 여러분은 말만으로는 사람들을 변화
시킬 수 없음을 알아야 합니다. 오직 선행과 경제적인 이익만
이 사람들을 변화시킴을 알아야 합니다.

150

천재가 세상의 전면에 나설 때
세상이 진보한다

상서롭지 못한 것의 실제는 현명한 사람을 가리는 사람이 담당할 것이다.

不祥之實 蔽賢者當之(불상지실 폐현자당지)

이 세상은 사람이 만들어갑니다. 그 중에서도 극소수 인재들이 우리가 사는 세상을 변화시킵니다. 라이트 형제가 없었다면 우리는 하늘을 날 수 없었고, 에니슨이 없었다면 전기를 사용할 수 없었습니다. 그들의 거대한 도전이 없었다면 인류의 진보는 없었던 것입니다. 그래서 최고의 인재들이 세상에서 크게 활동해야 합니다. 그들을 막는 것은 우리의 미래를 어둡게 만들 뿐입니다. 그것은 사회 발전을 저해하는 것으로 불길한 징조입니다. 여러분이 사회에 나가더라도 '창의적인 인재들이 적극적으로 일할 수 있는 사회'를 만들 수 있도록 노력해야 합니다. 내 옆의 동료가 천재라면 그를 진심으로 응원해야 합니다. 역시 내가 천재라면 적극적으로 나서야 합니다. 천재가 세상의 전면에 나설 때 세상이 진보하기 때문입니다.

151

실력 없는 이름은 위험하다

명성이 실제보다 지나친 것을 군자는 부끄러워한다.

聲聞過情 君子恥之(성문과정 군자치지)

실력 없는 이름이란 허망한 것입니다. 부끄러운 것입니다. 우리 삶은 돈이나 명성을 얻기 위해서 존재하는 것이 아닙니다. 우리 삶은 우리 스스로 열심히 노력하는 것 그 자체에 의의가 있는 것입니다. 그래서 세상의 평판이나 명성, 돈은 큰 관계가 없는 것입니다. 그저 먹고살 수 있으면 되는 것입니다. 그런데 이 먹고사는 것은 최선을 다한다면 별 문제 없이 대부분은 해결됩니다. 그렇기 때문에 최선을 다하는 사람은 경제적 문제를 걱정할 일이 없습니다. 최선을 다하면 되고, 소박하게 살면 되니까요. 문제는 실력입니다. 그리고 최선을 다하는 것입니다. 자신의 실제 능력보다 과대한 평가는 결국 부메랑으로 다가와 내게 상처를 입힙니다. 우리는 언제나 열심히 공부해서 실력을 쌓아야 합니다. 삶은 스스로의 노력으로 사는 것입니다.

152

중요한 것은 진짜 실력이다

현명한 사람을 등용할 때 출신을 가리지 않았다.

立賢無方(입현무방)

　　모든 것을 다 내려놓고 실력 위주로 인재를 선발하는 문화가 만들어지면, 나라는 강해집니다. 그러면 여러분이 명문대 입학에 모든 것을 걸 필요도 없습니다. 대학을 졸업한 뒤 진정한 실력으로 진검승부를 겨루면 되기 때문입니다. 지금까지 우리 사회는 실력보다는 대학간판으로 승부가 결정되는 경향이 있었습니다. 그러나 앞으로는 이런 흐름이 사라질 것입니다. 대학을 나오지 않고도 최고의 기업을 경영하면 하버드대 석좌교수로 임용될 것입니다. 이미 그런 흐름은 현실이 되었습니다. 앞으로는 더 가속화될 것입니다. 여러분, 지금 열심히 공부하세요. 그래서 가능하다면 명문대에 입학하세요. 만약 명문대에 입학하지 못한다고 해도 실망하지 말고 '계속' 열심히 공부하세요. 그럼, 끝내는 최고가 될 것입니다. 여러분은 최고의 실력을 쌓는 것에 모든 것을 거시길 바랍니다.

153

사람은 단정해야 한다

서시 같은 미인이라도 불결한 것을 뒤집어쓰고 있으면
사람들이 모두 코를 막고 지나갈 것이다.

西子夢不潔 則人皆掩鼻而過之(서자몽불결 즉인개엄비이과지)

사람은 단정해야 합니다. 아무리 미인이라도 지저분하게 있으면 마음이 가지 않습니다. 하지만 그리 뛰어난 외모가 아니더라도 단정하면 호감이 갑니다. 단정한 것이 중요합니다. 깔끔한 것이 중요합니다. 여러분은 단정함을 유지하세요. 그러면 호감을 얻을 수 있습니다. 그러나 이 말이 지나치게 화려하게 치장하라는 말은 아닙니다. 화려함은 오히려 거부감을 주니까요. 단정하면 그것으로 충분합니다. 사람은 단정함으로써 다른 사람의 마음을 얻을 수 있습니다.

154

중요한 것은 핵심이다

지혜로움을 미워하는 까닭은 사소한 것을
너무 파고들어 천착하기 때문이다.

所惡於知者 爲其鑿也(소오어지자 위기착야)

대학교수나 공부 좀 많이 한 사람 중에 갑갑한 사람들
이 있습니다. 그들이 쓴 책을 보면 잡다한 설명들만 잔뜩 들어
있어 사람을 지루하게 만들고 피곤하게 만듭니다. 핵심은 몇
페이지 안 되는데 사족만 잔뜩 적어놓은 것입니다. 강의를 하
더라도 주변 이야기를 잔뜩 하고 정작 중요한 이야기는 몇 마
디 하지 않는데 그러면 안 됩니다. 세계 최고의 CEO들은 잡다
한 이야기는 길게 하지 않지만 중요한 핵심은 간단명료하게
전달합니다. 사소하고 잡다한 것을 많이 알아보아야 필요가
없습니다. 큰 도움이 안 됩니다. 공부든 무엇이든 간에 중요한
핵심을 공부해야 하고, 사소한 것은 조금만 이야기해야 합니
다. 핵심만 다루기에도 짧은 인생입니다.

155

군자에게는 하루아침의 걱정은 없다

일생 동안 하는 근심은 있어도 하루아침의 걱정은 없다.

有終身之憂 無一朝之患也(유종신지우 무일조지환야)

군자에게는 평생 마음속 근심이 있습니다. 그 근심은 자신의 수양부족입니다. 즉 그는 자신의 수양부족을 평생 동안 근심하며 삽니다. 그리고 항상 열심히 수양하려고 합니다. 그러나 그에게는 하루아침의 걱정은 없습니다. 즉 갑자기 생긴 환난은 걱정하지 않습니다. 예를 들어 대학입시에 떨어지거나, 집에 우환이 생기거나, 취업을 못하거나, 사업에 실패하거나 하는 일에는 마음이 흔들리지 않습니다. 즉 일시적인 외부 요소들에는 흔들리지 않는 것입니다. 군자는 그런 것에 마음이 흔들리는 사람이 아닙니다. 그는 오직 자신이 세워둔 기준에 맞게 살지 못함을 근심할 뿐입니다. 군자는 스스로가 세워둔 기준만 보고 그것을 지키지 못할까만 근심할 뿐, 그 외에는 어떤 일도 근심하지 않습니다. 군자는 다른 일에는 일희일비하지 않고, 온전히 자기수양만을 바라보며 삶을 살아가는 사람입니다.

156

모든 것이 나의 가능성이다

요임금과 순임금도 일반 사람과 똑같다.

堯舜與人同耳(요순여인동이)

요임금과 순임금은 지조와 절개를 지킨 위대한 사람입니다. 그러나 그들도 사람입니다. 그리고 나도 사람입니다. 그렇다면 나도 노력하면 그들과 같이 될 수 있는 것입니다. 여러분은 지금 청소년입니다. 청소년에게 가장 중요한 것은 자신감입니다. 학교에서 매긴 등수로 주눅 들지 마세요. 여러분의 가치를 그런 하찮은 것으로 매길 수는 없으니까요. 세계적인 업적을 이룬 사람들 중에는 학교 낙오자들도 많답니다. 여러분, 누구든 남이 한 일은 여러분도 할 수 있습니다. 노벨상도받을 수 있고, 세계적인 과학자가 될 수도 있는 것입니다. 명심하세요! 남이 한 일은 나도 할 수 있습니다. 그렇기 때문에 모든 것이 나의 가능성이 되는 것입니다. 다만, 최선을 다하세요! 현실 가능성을 점검해보세요. 그래서 치열하게 도전하세요. 그럼 됩니다!

157

비겁하게 번 돈은 돈이 아니다

그들의 아내와 첩이 그것을 보면 창피하게 생각하여
서로 맞잡고 울지 않을 사람이 별로 없을 것이다.

其妻妾不羞也 而不相泣者幾希矣(기처첩불수야 이불상읍자기회의)

제나라의 어떤 남자가 매일 집에 술에 취해서 들어왔
습니다. 남자는 아내와 첩에게 매일 고귀한 연회가 있어서 술
을 마셨다고 자랑했습니다. 그런데 어느 날 아내와 첩이 남편
을 미행했더니, 남편은 묘지에 올려놓은 제사음식을 몰래 먹
고 마시고 있었습니다. 그것을 본 아내와 첩은 남편이 창피하
여 얼싸안고 울었다고 합니다. 그렇습니다. 비굴하게 번 돈은
부끄럽습니다. 비겁하게 번 돈은 돈이 아닙니다. 쓰레기일 뿐
입니다. 사람은 어떤 상황이 되더라도 비겁해선 안 되고, 굴종
해서도 안 되며, 허리를 굽혀서도 안 됩니다. 언제나 올곧게 살
아야 합니다. 바른대로 말하고 행동하며 살아야 합니다. 그것
이 사람이 가야 할 길입니다. 돈과 명예, 권력 앞에 자신을 판
다면 그것은 인생을 포기한 것입니다. 중요한 것은 올바름이
니까요.

158

부모님은 무엇보다도 위대한 이름이다

훌륭한 효자는 평생 동안 부모를 사모한다.

大孝終身慕父母(대효종신모부모)

사람은 미칠 대상이 세 가지 있습니다. 학교 다닐 때는 공부에 미쳐야 합니다. 이후에는 연애에 미쳐야 합니다. 그 다음에는 일에 미쳐야 합니다. 즉 미칠 대상은 때에 따라서 정해져 있습니다. 그때에는 미쳐야만 합니다. 그렇다면 부모님은 어떨까요? 부모님은 평생 동안 사모해야 합니다. 그것은 때가 없습니다. 항상이기 때문입니다. 여러분은 평생 동안 부모님께 효도하세요. 지금은 열심히 공부하고, 부모님 말씀 잘 듣고, 시간을 내서 부모님과 대화하면 그것으로 충분합니다. 중요한 것은 마음가짐입니다. 나이가 들어서도 부모님에 대한 마음만은 잊지 말아야 합니다. 그러면 실천으로 이어지니까요. 돌아가시고 나서 후회하면 늦습니다. 부모님은 언제라도 내 곁을 떠날 수 있습니다. 부모님, 그 이름은 무엇보다도 위대한 이름입니다.

159

책을 읽을 때

글자로써 말뜻을 해침이 없으며, 말로써 본래의 뜻을 해침이 없고,
보는 자의 생각으로써 작자의 뜻을 헤아려야 한다.

不以文害辭 不以辭害志 以意逆志(불이문해사 불이사해지 이의역지)

❀ 어떤 책을 읽을 때는 한 구절에 구애받아 전체 뜻을
왜곡해선 안 됩니다. 그리고 작가의 생각을 받아들이되 자기
의 생각으로 풀어내야 합니다. 그렇다면 작가의 생각이 중요
할까요, 나의 생각이 중요할까요? 둘 다 중요한데, 나의 생각이
조금 더 중요합니다. 왜냐하면 작가의 생각을 나의 생각으로
풀어내 실행해야 하기 때문입니다. 나의 받아들임이 중요합니
다. 작가가 모두 옳은 것도 아니고, 내 상황에는 다른 식으로
적용해야 할 수도 있으며, 시대 상황이 변하면 전혀 다르게 적
용해야 할 수도 있기 때문입니다. 중요한 것은 내 삶입니다. 내
삶에는 내 삶에 맞는 방식이 필요합니다. 그래서 작가의 책을
나의 책으로 만드는 작업이 중요합니다. 즉 철저한 사고를 통
해 작가의 책을 내 책으로 만드는 작업이 필요합니다. 따라서
책을 볼 때는 생각을 많이 해야 합니다.

160

이 세상은 부조리하다

그렇게 하지 않아도 그렇게 되는 것은 천운이요,
사람의 힘으로 이르게 하지 않아도 이루어지는 것은 천명이다.

莫之爲而爲者天也 莫之致而至者命也(막지위이위자천야 막지치이지자명야)

이 세상은 웃기죠. 사람이 죽으니까요. 죽고 화장하면 뼛가루가 될 뿐이니까요. 흩어버리면 끝이죠. 내 옆에서 온갖 모습을 보이던 사람이 흔적도 없이 사라져버리는 겁니다. 사람이 세상을 산다는 건 뭘까요? 별의 존재는 무엇일까요? 과연 지구 밖에는 무엇이 있는 것일까요? 우리는 왜 지구에 살고 있는 걸까요? 왜 화성에서 태어나지 않은 걸까요? 우주에는 도대체 무엇이 있는 걸까요? 하나님은 존재하는 걸까요? 그럼 부처님은 뭘까요? 하나님을 믿지 않은 이순신 장군은 뭘까요? 장애인으로 태어난 사람은 뭔가요? 갑자기 에이즈에 걸리면 이건 또 뭘까요? 이 세상은 사람의 힘으로 되지 않는 면이 많습니다. 그 점을 인정해야 합니다. 그러니까 이 세상은 부조리하죠. 인간은 최선을 다함으로써 부조리를 극복하는 수밖에 없습니다.

161

바르게 사는 것이 가장 좋다

그 의리가 아니고 그 도리가 아니면 천하를 가지고
봉급을 주더라도 돌아보지 않는다.

非其義也 非其道也 祿之以天下弗顧也(비기의야 비기도야 녹지이천하불고야)

잘못된 길로는 가지 말아야죠. 어떤 경우에도 그래야 합니다. 삶의 의의는 남에게 도움을 주는 데 있습니다. 그것이 중요합니다. 물론 자신의 행복도 중요합니다. 자신이 행복하지 않으면서 남을 행복하게 한다는 것은 기만입니다. 철저한 자기희생 속에서만 산다는 건 있을 수 없습니다. 자기가 행복해야 남도 행복하게 할 수 있습니다. 그리고 궁극의 목적은 남을 행복하게 하는 것이고 세상을 긍정적으로 만드는 것입니다. 그런 삶을 살려면 언제나 바르게 살아야 합니다. 바르게 살아야만 그 일을 달성할 수 있습니다. 바르게 산다는 건 어떻게 보면 힘들 수도 있습니다. 그러나 그것이 가장 안전한 길이고 가장 강력한 성공방식입니다. 결국 보상은 받게 되어 있습니다. 그러니 걱정하지 말고 지금 당장 힘들더라도 인내하며 나아가야 합니다. 그것이 정도(正道)입니다.

162

나는 우리나라를 책임질 사람이다

천하의 중대한 임무를 자기 책임같이 느꼈다.

自任以天下之重(자임이천하지중)

여러분은 나의 행동이 우리나라의 미래를 결정짓는
다고 생각하세요. 그렇게 생각하고 사는 것이 진정한 리더입
니다. 그래서 "나는 우리나라를 책임질 사람이다. 나에게는 막
중한 책임이 있다"라고 생각하세요. 그렇게 생각하고 사는 사
람은 실제로 세상을 바꾸기 때문이고, 그렇게 살 때 자신의 삶
을 책임감 있게 이끌고 나갈 수 있기 때문입니다. 그래서 "나의
삶은 나의 삶이 아니다. 우리 모두를 위한 삶이다"라고 생각하
고 책임감 있게 살기 바랍니다. 그런 자세로 평생을 살아가면
실제로 여러분 삶은 타의 모범이 되며, 그런 삶을 살아가야만
커다란 기회도 오게 마련입니다. 사람은 그만한 지위를 얻게
되면 풍겨나오는 기운이 다르다고 합니다. 지금부터 그런 높
은 지위에 있다고 생각하세요. 그런 생각을 하고 실천하며 사
는 사람과 그렇지 않은 사람은 10년 후가 다를 것입니다.

163

순리에 맞게 살아야 한다

빨리 떠나야 할 만하면 빨리 떠나고, 오래 머무를 만하면 오래 머물며,
은둔할 만하면 은둔하고, 벼슬할 만하면 벼슬하는 것이 공자다.

可以速而速 可以久而久 可以處而處 可以仕而仕 孔子也
(가이속이속 가이구이구 가이처이처 가이사이사 공자야)

공자는 유연한 사람입니다. 때와 상황에 맞는 행동을
하며 살았기 때문입니다. 벼슬에서 빨리 떠나야 할 때는 빨리
떠났고, 오래 머물 만하면 오래 머물렀고, 초야에 묻혀 있어야
할 때는 은둔했고, 다시 벼슬로 나와야 할 때는 출사(出仕)했으
니까 말입니다. 사람의 인생은 그래야 합니다. 순리에 맞게 살
아야 하죠. 상황을 존중하며 살아야 합니다. 그런 삶이 현명한
삶입니다. 억지로 한다고 되는 게 아니기 때문입니다. 영화를
빨리 보고 싶다고 테이프를 빨리 돌려버리면 영화 내용을 모
르게 됩니다. 공부도 빨리 하면 남는 게 없습니다. 공부도 순리
죠. 순리에 맞게 살아야 합니다. 때와 상황에 맞게 살아야 합니
다. 그것이 삶을 잘사는 방법입니다.

164

사람은 오직 됨됨이를 보고 사귄다

나이의 많고 적음에 관계치 않고, 귀천에 관계치 않고,
형제 상황에 관계치 않고 벗한다.

不挾長 不挾貴 不挾兄弟而友(불협장 불협귀 불협형제이우)

친구를 한다는 것은 조건에 관계 없는 일입니다. 그
사람의 됨됨이를 보고 마음에 들면 하는 것입니다. 조건을 따
진 관계라면 그 조건이 사라지면 친구관계는 끝입니다. 그런
것은 우정이 아닙니다. 조건만남입니다. 조건만남은 결국 허
무할 뿐입니다. 진정한 교감이 없기 때문입니다. 아첨과 굴종
만이 있을 뿐이기 때문입니다. 사람 만남은 가슴과 가슴이 통
해야 하며, 그것은 그 중심에 상대의 됨됨이에 대한 신뢰가 있
을 때 가능합니다. 나이의 많고 적음은 중요하지 않고, 귀천도
중요하지 않으며, 집안사정도 중요한 것이 아닙니다. 오직 그
사람이 중요합니다.

165

친구를 하는 이유는 덕이 있기 때문이다

벗한다는 것은 그 사람의 덕을 벗하는 것이다.

友也者友其德也(우야자우기덕야)

친구를 하기 위해서는 그 사람의 덕(德)을 중심에 두어야 합니다. 어진 마음이 있는가, 사람에 대한 순수한 사랑이 있는가, 나를 물질적인 조건으로 대하지 않고 순수한 마음으로 대하는가, 어떠한 경우에도 외부 조건에 흔들리지 않고 올바른 길을 가는가를 중심에 두고 사귀어야 합니다. 그것이 진정한 인간관계의 중심입니다. 흔히 사람을 사귈 때 나에게 도움이 되는가 그렇지 않은가를 판단해 사귀는 사람이 있습니다. 그런 사람은 소인배입니다. 그런 관계는 결국 허무할 뿐입니다. 또 진정한 교감이 없습니다. 사람은 그 사람의 덕을 보고 다가가야 합니다. 덕이 있다면 함께여서 행복할 수 있지만 그렇지 않다면 남는 건 허무함뿐입니다.

166

사람을 사귈 때의 기준은 됨됨이다

믿고 기대는 것이 있어서는 안 된다.

不可有挾也(불가유협야)

🍃 사람을 사귈 때 무언가 믿고 기대는 것이 있다는 것은 비참한 일입니다. 그 사람에게 도움을 받기 위해서 그 사람을 사귄다는 것은 비참한 일입니다. 사는 맛이 나지 않는 일입니다. 인간관계의 기준은 덕입니다. 내게 어떤 도움을 주는가는 아닌 겁니다. 물론 사업상의 관계나 직장에서의 관계 등이 있습니다. 그런 경우에는 그저 진실하게 대하면 됩니다. 그다음 깊은 관계로 넘어갈 때는 덕의 여부로 판단해야 합니다. 학교에서의 친구도 마찬가지입니다. 사람의 됨됨이를 보고 만나야 합니다. 공부를 잘한다거나, 부자라거나, 운동을 잘한다거나 그런 건 중요하지 않습니다. 그 사람의 진실성만 보아야 합니다. 그 외 조건으로 사귀면 허무감만 남으니까요.

167

공자가 벼슬을 한 유형은 세 가지다.

자신의 도가 행해질 가능성을 보고 벼슬한 적이 있으며, 대우가 적당해서 했었던 적도 있으며, 임금이 어진 이로 봉양했기 때문에 벼슬한 적도 있다.

有見行可之仕 有際可之仕 有公養之仕(유견행가지사 유제가지사 유공양지사)

공자가 벼슬을 한 이유로는 세 가지가 있습니다. 자신의 도(道)가 행해질 가능성을 보고 하기도 했고, 대우에 예의가 있었기 때문에 한 경우도 있었으며, 임금이 어진 사람을 양성하는 도리를 다했기 때문이기도 했습니다. 이것이 공자가 벼슬에 나서는 기준이었습니다. 여러분이 앞으로 사회에 나갈 때(취업할 때)도 공자의 기준을 따르면 좋습니다. 즉 CEO가 바름을 추구하고 있어 자신의 바름이 통할 수 있는가, 나에게 적절한 대우를 해주는가, CEO가 선량한 사람을 양성하려고 하는가. 결국 정리하자면 CEO가 바른 사람이고 바른 사람을 키우려 하며, 적절한 대우를 해주는가로 요약할 수 있습니다. 그러나 이 조건들은 하나씩 존재할 수도 있습니다. 그때에는 그래도 좋은 것은 '바름'이라고 말할 수 있습니다. 바른 CEO는 내가 바름을 실천하는 한 나를 잊지 않기 때문입니다.

168

내 친구의 수준은 나의 수준을 나타낸다

한 마을의 착한 선비라야 한 마을의 착한 선비와 벗할 수 있다.

一鄕之善士 斯友一鄕之善士(일향지선사 사우일향지선사)

사람은 끼리끼리 어울리죠. 그래서 사람을 파악하는 방법 중의 하나가 그의 친구를 살피는 것입니다. 왜냐하면 그의 됨됨이가 그의 친구를 통해서 드러나기 때문입니다. "그를 알려면 그의 친구를 보라"는 말이 있지 않습니까? 이것은 또한 "나의 수준을 알고 싶다면 나의 친구들을 보라"는 메시지를 전합니다. 높은 수준의 사람과 교제하고 싶다면 내가 그만한 자격이 되어야 합니다. 즉 많은 노력이 필요합니다. 지금 내가 엉망으로 살고 있다면 잠시 친구관계를 끊는 것도 필요합니다. 그리고 독한 노력을 통해 나를 새롭게 만들 필요가 있습니다. 그러면 그만한 친구를 얻을 수 있습니다. 사람은 훌륭한 사람과 벗해야 합니다. 그러기 위해 우선 나를 업그레이드해야 합니다.

169

몸과 마음을 올바름으로 무장해야 한다

물을 쳐서 튀어오르게 하면 사람의 이마를 넘어가게 할 수도 있고,
부딪쳐 흘러가게 하면 산에 있게 할 수도 있다.

水搏而躍之 可使過顙 激而行之 可使在山(수박이약지 가사과상 격이행지 가사재산)

❧   물의 본질은 위에서 아래로 흐르는 것입니다. 그러
나 물을 손으로 치면 이마로 튀어오릅니다. 또 흐르는 물을 막
으면 역류해서 산 위로 물이 흘러갈 수도 있습니다. 이것은 사
람도 마찬가지입니다. 사람도 본성은 착합니다. 그래서 본성
대로 살면 사회에는 범죄도 없고, 아무런 문제도 없습니다. 그
러나 다양한 상황들 속에서 자신의 중심을 잃어버리면 온갖
일을 벌이게 됩니다. 성공을 위해서 권모술수를 벌이기도 하
고, 복수하기 위해서 범죄를 저지르기도 합니다. 타고난 본성
대로 살지 않으면 악행도 범하는 것이 사람입니다. 따라서 자
신의 마음을 스스로 잘 다스리는 것이 중요합니다. 그렇지 않
으면 누구라도 범죄자가 될 수 있고, 폐인과 같은 삶을 살 수
있기 때문입니다. 몸과 마음을 올바름으로 무장해야 합니다.

170

마음을 다스리며 살아야 한다

천성은 선하다고 할 것도 없고 선하지 않다고 할 것도 없다.

性無善無不善也(성무선무불선야)

❧ 사람의 본성은 백지상태일 수도 있습니다. 상황에 따라서 변하는 것일 수도 있습니다. 삶이라는 것은 생존을 위한 투쟁이 필연적으로 따르기 때문입니다. 그것은 자연계를 보면 쉽게 알 수 있습니다. 모든 생물체는 생존하기 위해서 치열한 투쟁을 벌이고 있습니다. 진화론적으로 보면 동물 중에서 인간이 가장 치열한 경쟁을 벌입니다. 같은 조건에서 경쟁하기 때문입니다. 결국 중요한 것은 스스로의 마음관리입니다. 마음을 조금이라도 풀면 짐승의 삶을 살 수도 있고, 짐승의 삶을 사는 순간, 인간으로서의 가치는 상실됩니다. 그러면 삶은 의미도 희망도 없는 것입니다. 우리는 우리의 마음을 잘 다스리며 살아야 합니다.

171

상식을 실천하는 것이 성인의 길이다

성인은 우리 마음이 똑같이 옳게 여기는 바를 먼저 알았다.

聖人先得我心之所同然耳(성인선득아심지소동연이)

누가 성인(聖人)일까요? 성인은 우리 모두가 옳다고 인정하는 것을 몸으로 실천한 사람입니다. 즉 그는 지극히 상식적인 사람입니다. 우리가 옳다고 여기는 것을 행하기를 주저하고 있을 동안, 그는 용맹하게 실천한 것입니다. 그럼 옳은 길은 무엇일까요? 그것은 쉽습니다. 부모님께 효도하는 것, 사람들을 예의바르게 대하는 것, 정성을 다해 공부하는 것, 어르신을 공경하는 것, 선생님을 존경의 자세로 대하는 것, 친구 간에 신의를 다하는 것이 그것입니다. 이것이 성인의 삶이며, 모두가 이렇게 살아간다면 범죄도 없을 것입니다. 이런 사회는 모두가 안심하고 살 수 있는 사회, 모두가 마음 편안한 사회입니다. 이런 사회가 천국입니다. 우리는 성인의 삶을 살아야 합니다. 삶의 가치는 결국 '모두를 위한 어떠한 의미'를 만들어내는 것이니까요.

172

인간은 평생 수양하는 자세로 살아가야 한다

붙잡고 있으면 보존되고 내버리면 잃는다.

操則存 舍則亡(조즉존 사즉망)

인간에게는 선한 본성이 있는데 이것은 손에 쥐고 있으면 그대로 있지만, 조금이라도 방심하면 금세 달아나고 없습니다. 그래서 순식간에 짐승이 되고 맙니다. 그렇다면 어떻게 살아야 할까요? 평생 선한 본성을 간직할 수 있도록 수양해야 합니다. 스스로 늘 선한 삶을 살겠다고 생각하며 살아야 합니다. 그래서 선한 마음을 갖고 평소 하는 일을 정성을 다해서 해야 합니다. 남을 섬기는 자세로 세상을 살아야 합니다. 성공하고 싶나요? 성공하기 위해서도 '정성, 헌신, 열정'은 매우 중요합니다. 남의 마음을 잡아야만 성공할 수 있기 때문입니다. 인간은 평생 수양하는 자세로 살아가야 합니다. 그렇게 선한 마음을 간직하고, 정성을 다하는 삶을 살아야 합니다.

173

이익과 의리

생선도 내가 먹고 싶은 것이며, 곰 발바닥도 내가 먹고 싶은 것이지만,
이 두 가지를 다 함께 얻을 수 없다면 생선을 버리고
곰 발바닥을 취할 것이다.

魚我所欲也 熊掌亦我所欲也 二者不可得兼 舍魚而取熊掌者也
(어아소욕야 웅장역아소욕야 이자불가득겸 사어이취웅장자야)

생선도 먹고 싶고 곰 발바닥도 먹고 싶지만 둘 다 먹
을 수 없다면 하나만 선택해야 합니다. 삶에서도 마찬가지입
니다. 삶에서는 이익과 의리가 있습니다. 이익도 택해야 하고
의리도 택해야 하지만 둘 중 하나만 택해야 한다면 무엇을 택
해야 할까요? 바로 의리입니다. 바름이라는 가치입니다. 그런
삶이 후회가 남지 않기 때문입니다. 배부른 돼지가 되기보다
는 올바름을 지켜야 합니다. 이런 삶은 물론 힘듭니다. 그러나
이것이 결국 우리가 가야 할 길이며, 이런 길을 가야만 후회가
남지 않습니다. 삶은 100년이 아니라 1000년 그 이상이기 때
문입니다. 이런 삶을 살아가면 몸은 힘들지만 마음은 힘들지
않습니다. 또 언제나 자부심이 남습니다. 그리고 이런 자세로
살아가면 언젠가는 기회를 맞이할 수도 있습니다.

174

육체보다는 마음이다

자기의 중요하지 않은 작은 부분을 기르는 자는 소인이 되고,
중요한 큰 부분을 기르는 자는 대인이 된다.

養其小者爲小人 養其大者爲大人 (양기소자위소인 양기대자위대인)

육체적인 욕망을 중요하게 생각하는 사람은 소인(小
人)이고, 마음이라는 근본을 중시하는 사람은 대인(大人)입니
다. 삶에는 우선순위가 있습니다. 육체적 욕망과 마음 중에서
는 마음이 단연 우위에 있습니다. 사람은 일이 잘 되지 않을 때
는 저차원적인 욕망에 집중하게 됩니다. 즉 고차원적인 자아
실현 욕구가 실현되지 않으면 삶이 잘 풀리지 않기 때문에 스
트레스를 1차적 욕망(육체적 욕망)에 집중하며 풉니다. 그러나
그렇게 했을 때는 시간이 지나면 후회가 몰려옵니다. 사람은
자아실현에 집중하며 살아야 합니다. 그리고 일이 안 될 때는
휴식을 한 뒤에 다시 뛰어들어야 합니다. 사람은 마음(수양과
자아실현)에 전적으로 집중하며 살아야 합니다. 육체보다는 마
음이 우선입니다.

175

하늘이 내린 벼슬이 귀한 것이다

남이 귀하게 해준 것은 본래부터 귀한 것이 아니다.

人之所貴者 非良貴也(인지소귀자 비량귀야)

여러분은 지금 명문대 입학이나 외모, 인기, 돈 같은 것들이 멋지게 보이고, 가지고 싶을 것입니다. 그러나 본래 그런 것들은 귀한 것이 아닙니다. 즉 사람들이 귀하다고 말하고 있지만 그것은 본래 귀한 것이 아닙니다. 본래 귀한 것은 하늘이 내린 벼슬입니다. 하늘이 내린 벼슬이란 어질고 의리가 있고, 충성스럽고 신의가 있으며, 선행을 즐기고, 자신의 일을 지치지 않고 정성스럽게 하는 것을 말합니다. 그것이 하늘이 내린 벼슬이고, 그 벼슬이 세상이 내린 벼슬보다 더 우위에 있습니다. 여러분은 자신만의 기준을 세우고, 그 기준에 부합하는 삶을 살면 됩니다. 그러면 비록 사회에서는 인정하지 않더라도 이미 커다란 성공을 거둔 것이니까요.

176

어짊은 어질지 못함을 반드시 이긴다

어짊이 어질지 못함을 이기는 것은 물이 불을 이기는 것과 같다.

仁之勝不仁也 猶水勝火 (인지승불인야 유수승화)

어짊은 반드시 어질지 못함을 이깁니다. 사람의 마음은 따스함에 반응하기 때문입니다. 물론 때로는 엄함도 필요합니다. 그러나 원칙은 따스함입니다. 인간의 마음은 평안함을 구심점으로 삼고 있기 때문입니다. 어질면 사람의 마음을 얻고, 친구도 얻으며, 세상의 민심(民心)을 얻을 수 있습니다. 그러나 냉혹하면 모두가 떠납니다. 권력을 얻더라도 북한의 김일성이나 김정은처럼 난폭하게 권력을 행사하면 비참한 최후를 맞습니다. 그것은 역사적으로 검증되어왔습니다. 개인, 기업, 국가 모두 어짊이 지속가능한 성장을 만든다는 것은 역사로써 입증되어왔습니다.

177

아는 것만으로는 안 된다

오곡은 곡식 가운데서 아름다운 것이지만,
만일 제대로 익지 못하면 피만도 못하다.

五穀者種之美者也 苟爲不熟 不如荑稗(오곡자종지미자야 구위불숙 불여이패)

🌸 쌀과 보리와 같은 오곡(五穀)은 곡물 중에서도 가장
귀한 것이지만, 익지 않았다면 피(稗)만도 못합니다. 인간의 덕
도 그렇습니다. 덕은 귀한 것이지만, 그것이 몸에 스며들어 자
연스럽게 행동으로 나타나지 않는다면 역시 의미가 없습니다.
독서도 마찬가지입니다. 책을 아무리 많이 읽더라도 그것이
내 삶에 스며들어 내 삶을 변화시키지 못하면 의미가 없습니
다. 또 지식도 마찬가지입니다. 공부를 하더라도 철저한 사고
를 통해 내 것으로 만들어야 합니다. 그래서 실제생활에서 사
용할 수 있어야만 합니다. 그래야 의미가 있습니다. 이 세상의
모든 것은 아는 것만으로는 안 됩니다. 내 것으로 만들고, 실행
하고, 결과를 만들어야 합니다.

178

그 사람을 따라하면 그 사람이 된다

요임금이 입던 옷을 입으며, 요임금의 말씀을 외우며,
요임금의 행실을 행한다면 이것은 바로 요임금일 뿐이다.

堯舜之道 弟孝而已矣 (요순지도 제효이이의)

내가 만약 요임금의 옷을 입고, 요임금이 말한 대로 말하며, 요임금의 행동을 실행한다면 이미 나는 요임금입니다. 본받을 사람이 있다면 그 사람을 따라하면 그 사람처럼 됩니다. 그 사람을 닮아가게 되고, 끝내는 그 사람과 싱크로율 100퍼센트가 됩니다. 처음부터 나는 큰인물이 될 수 없다고 단정하지 마세요. 실천하면 됩니다. 중요한 것은 실천입니다. 실천하면 몸으로 배우게 되고, 그것이 굳건한 습관이 됩니다. 그리고 그것이 지속되면 나는 달라집니다. 그 사람이 되고 싶다면 그 사람을 행동으로 따라하면 됩니다. 공부를 잘하고 싶다면 전교 1등을 따라하면 됩니다. 따라하면 비슷한 모습을 갖추게 됩니다. 그리고 큰 수준으로 올라서게 됩니다.

179

올바름은 이미 초등학교 때 다 배웠다

도는 큰길과 같은데 어찌 알기 어렵겠는가.
사람들이 도를 추구하지 않는 것이 걱정될 뿐이다.

道若大路然 豈難知哉 人病不求耳(도약대로연 기난지재 인병불구이)

성인이 될 수 있는 길은 누구나 쉽게 알 수 있습니다. 그냥 바르게 살면 되기 때문입니다. 즉 이미 우리가 살아야 할 길은 초등학교 때 모두 배웠습니다. 어쩌면 유치원 때 다 배웠을 수도 있습니다. 그러나 사람들은 알면서도 실천하지 않습니다. 그래서 모두가 불행해진 것입니다. 경쟁중심 사회가 되고, 만인에 대한 투쟁사회로 변질된 것입니다. 큰 꿈이 있다면 바르게 살아야 합니다. 작은 일부터 그러해야 합니다. 예컨대 횡단보도만 하더라도 제대로 된 사람은 빨간불에는 건너지 않습니다. 그러나 못 배운 사람들은 빨간불에도 그냥 건넙니다. 바르게 살아간다는 것은 삶의 기본입니다. 삶의 기본을 갖추고 열심히 살아가면 나만의 기회는 반드시 옵니다.

180

자만하지 않아야 한다

아는 체 자만하는 사람의 음성과 얼굴빛이
사람들을 천리 밖에서 막아버린다.

訑訑之聲音顔色 距人於千里之外 (이이지성음안색 거인어천리지외)

자기 지식이 최고라고 여기고 남의 좋은 말을 듣지 않
으면 현명한 사람들은 더 이상 충고를 하지 않습니다. 그렇게
되면 발전은 없습니다. 사람은 끊임없이 배워야만 성장할 수
있기 때문입니다. 심지어 나이가 70세가 되고 80세가 되어도
배워야만 합니다. 불과 100년 동안 공부한 것은 너무나 미약
하고, 배움을 멈추지 않아야만 성장할 수 있습니다. 사람은 사
람에게서 배우는 것이 크고 빠릅니다. 그래서 자만하지 말아
야 합니다. 늘 열린 자세를 유지해야 합니다. 그래야만 현명한
사람들의 말을 들을 수 있고, 성장할 수 있습니다.

181

고통 속의 단련은 나를 성공으로 이끄는 힘이 될 것이다

하늘이 앞으로 큰 임무를 이 사람에게 내리려고 한다면 반드시 먼저
그 사람의 마음을 괴롭게 하며, 그 사람의 근육을 괴롭게 하며,
그 사람의 몸을 굶주리게 하며, 그 사람의 몸을 텅 비게 하며,
행동하는 일을 어지러워지게 한다.

天將降大任於是人也 必先苦其心志 勞其筋骨 餓其體膚 空乏其身 行拂亂其所爲
(천장강대임어시인야 필선고기심지 노기근골 아기체부 공핍기신 행불란기소위)

성공한 사람들은 하나같이 고생담을 이야기합니다.
스스로의 실천과 노력으로 모든 고통을 이겨낸 것입니다. 그
리고 승부에서 이겼기에 오늘날의 그들이 있는 것입니다. 지
금 공부가 힘들고 마음대로 되지 않더라도 포기하지 마세요.
개인적으로 많은 문제가 있더라도 모두 이겨내세요. 어려움을
겪으면서 사람은 뼈가 단단해집니다. 어려움을 겪으면서 누구
보다 강한 초인이 됩니다. 오늘의 고통은 나를 보석으로 만드
는 도구입니다. 내 삶의 모든 것을 이겨내고 나아가야 합니다.
어느 날 고통에 대한 보상은 반드시 올 것입니다. 고통 속의 단
련은 나를 성공으로 이끄는 힘이 될 것입니다.

182

우리는 평생 열심히 살 수밖에 없는 운명이다

들어가면 법도 있는 집안과 보필하는 선비가 없고,
나오면 적국과 외부의 근심이 없는 나라는 언제나 멸망한다.

入則無法家拂士 出則無敵國外患者 國恒亡
(입즉무법가불사 출즉무적국외환자 국항망)

법도를 엄격하게 지키는 집안과 현명한 선비가 없고, 적국과 외부의 근심이 없으면 나라는 망하고 맙니다. 왜 그럴까요? 국가란 항상 긴장하는 자세로 경계해야만 유지될 수 있는데, 그것을 잊고 교만하고 사치하여 나약해졌기 때문입니다. 삶도 그렇습니다. 삶은 계속 피곤하게 살 수밖에 없는 것입니다. 한순간도 방심할 수 없는 것입니다. 한순간이라도 마음을 놓고 방탕하게 살면 삶의 모든 것은 무너지게 됩니다. 그래서 우리는 평생 열심히 살 수밖에 없는 운명입니다. 우리는 평생 긴장감을 잃지 않고 팽팽하게 살아가야 합니다.

183

삶은 정도에서 벗어나면 문제가 생긴다

천명을 아는 사람은 위험한 담장 아래 서지 않는다.

知命者 不立乎巖牆之下(지명자 불립호암장지하)

천명을 아는 사람은 위험한 곳에는 가지 않습니다. 즉 상황을 보아서 위험한 것이라고 여겨진다면 몸을 담지 않습니다. 사람은 언제나 분별력을 가지고 살아야 합니다. 생각 없이 막 살면 안 됩니다. 위험한 것은 피해야 하고, 잘못된 것은 하지 말아야 합니다. 마음대로 살다간 돌이킬 수 없는 행동을 할 수도 있습니다. 삶은 정도(正道)에서 벗어나면 문제가 생깁니다. 물론 때로는 파격도 필요하지만, 그것도 사회에서 정한 룰을 벗어나지 않는 범위 내에서 이루어져야 합니다. 그래야 문제가 없기 때문입니다. 용수철은 잡아당기면 늘어난 뒤다시 제 모습으로 돌아가지만, 너무 많이 잡아당기면 제 모습으로 돌아가지 못합니다. 모든 것에는 적정선이 필요합니다.

184

삶에는 희망과 의미가 있어야 한다

사람은 부끄러움이 없어서는 안 된다.

人不可以無恥(인불가이무치)

삶에는 희망이 있어야 하고, 의미도 있어야 합니다. 그래야 열심히 살아갈 수 있습니다. 그렇게 열심히 살아야만 잡생각을 하지 않게 되고, 잡행동을 하지 않게 됩니다. 열심히 살지 않으면 반드시 문제가 생깁니다. 열심히 살지 않으면 부끄러움도 모르게 됩니다. 부끄러움을 자각할 만한 희망도 꿈도 미래도 없기 때문입니다. 그래서 막 살게 되고, 끝내는 파멸하고 맙니다. 흉악무도한 살인자들을 살펴보면 대개가 삶의 희망이 없었고, 열심히 살지를 않았습니다. 그리고 그들은 부끄러움을 몰라서 살인을 저질렀습니다. 사람은 부끄러움을 알아야 하고, 그러기 위해선 내일의 희망을 갖고 열심히 살아야 합니다.

185

삶은 내가 주도해야지
상황이 주도하게 해선 안 된다

선비는 곤궁해져도 의리를 잃어버리지 않으며,
출세하더라도 바른 길을 떠나지 않는다.

士窮不失義 達不離道(사궁불실의 달불리도)

진정한 선비는 가난하다고 해서 의리를 잃지 않습니다. 또 출세를 해서 높은 지위에 올라가더라도 마음이 거만해지지 않습니다. 그래서 인의(仁義)를 저버리지 않습니다. 그러나 소인은 가난하면 만날 불만을 이야기합니다. 그러면서 열심히 일하지도 않습니다. 결국 만날 그렇게 살다가 죽을 수밖에 없습니다. 그리고 소인이 어쩌다가 성공을 하게 되면 오만이 하늘을 찌릅니다. 사람의 마음은 상황에 따라 요동치지 말고 어떤 상황에서도 흔들리지 말아야 합니다. 삶은 내가 주도해야지 상황이 주도하게 해선 안 됩니다. 여러분은 어떠한 경우에도 자신의 중심을 지키는 사람이 되어야 합니다.

186

실력을 길러 모두를 살린다

뜻을 이루게 되면 은혜로운 혜택이 백성들에게까지 더해지고,
뜻을 이루지 못하면 몸을 수양하여 세상에 나타난다.

得志澤加於民 不得志修身見於世(득지택가어민 부득지수신현어세)

성공하게 되면 그 혜택이 모두를 향하도록 하고, 만
약 아직 성공하지 못했다면 초야(草野)에 묻혀 있으면서 자신
을 수양해야 합니다. 열심히 수양하면 결국 그 빛이 세상에 나
타나기 때문입니다. 아직 때를 맞이하지 못했다면 열심히 수
양해야 합니다. 선한 마음을 품고 실력을 쌓기 위해서 극기해
야 합니다. 그렇게 하면 세상으로부터 부름을 받을 수 있습니
다. 그리고 자신의 때가 왔다면 모든 혜택을 모두를 위한 것으
로 돌려야 합니다. 그것이 우리가 진정으로 나아가야 할 방향
입니다. 우리는 실력을 길러 모두를 살려야 합니다.

187

중요한 것은 진심이다

편안하게 해주는 방법으로 백성들을 부리면
비록 수고롭지만 백성들이 원망하지 않는다.

以佚道使民 雖勞不怨(이일도사민 수로불원)

사람들을 편안하게 해주기 위해서 사람들을 부리면 사람들은 힘들더라도 원망하지 않습니다. 즉 그 사람을 위해서 그 사람을 부리면, 그 사람을 위하는 마음을 담아서 그 사람을 부리면 사람들은 힘들더라도 불평하지 않습니다. 진심을 알기 때문입니다. 사람들은 진심을 다 압니다. 모르지 않습니다. 왜냐하면 자신에게 미치는 영향에는 민감하기 때문입니다. 중요한 것은 그 사람을 위하는 마음입니다. 그 마음만 있다면, 그 뜨거운 진심만 있다면 조금 힘든 것은 문제가 되지 않습니다. 연인도, 가족도, 기업 구성원도 모두 진심으로 대하면 됩니다. "진심을 알기에 믿고 따르면 반드시 웃을 수 있다"는 것을 알기 때문입니다.

188

진정한 왕도정치란 무엇인가

패자의 백성들은 매우 즐거워하고, 왕자의 백성들은 매우 만족해한다.

覇者之民驩虞如也 王者之民皞皞如也(패자지민환우여야 왕자지민호호여야)

무력으로 권력을 잡고 백성들을 경제적으로 잘 먹여 살리면 백성들은 매우 즐거워합니다. 그러나 올바른 왕도(王道)로써 다스리면 백성들은 마치 '태양의 은혜가 내게 무슨 필요가 있겠느냐'며 잊고 있듯이 '임금의 은혜가 내게 무슨 필요가 있겠느냐'며 유유자적한 나날들을 보냅니다. 정치의 1번은 경제입니다. 그러나 그것보다 더 좋은 것은 정치 지도자가 있음을 느끼지 못할 정도로 조용하고 평화로운 상태입니다. 그런 정치가 더 좋은 것입니다. 단지 바른 도리로써 다스릴 뿐, 사람들은 그 고마움조차 느끼지 못하는 경지인 것입니다. 우리는 공기가 없으면 5분도 살 수 없지만 공기의 소중함은 잊고 있습니다. 진정한 왕도정치란 마치 공기나 태양처럼 매우 소중한 존재이지만 잊고 지낼 정도로 편안한 것을 말합니다.

189

실천에 모든 것이 달렸다

어질다고 하는 말은 어질다는 소문이
사람들 마음속에 깊이 들어가는 것만 못하다.

仁言不如仁聲之入人深也(인언불여인성지입인심야)

말로 어짊의 도리를 설명하는 것의 감화력은 스스로 어짊을 실천해서 그 명성이 사람들에게 미치는 것에는 필적할 수 없습니다. 중요한 것은 실천입니다. 어짊은 말로 하는 것이 아닙니다. 직접 실천하는 것입니다. 그러나 실천은 쉬운 일이 아닙니다. 마음을 다스려야 하기 때문입니다. 하나둘씩 어짊을 실천하세요. 그리고 결실을 맺어가세요. 그리고 때에 따라서는 의(義)를 실천해야 합니다. 의는 때로는 화를 낼 수도 있는 것입니다. 필요하다면 화를 내는 것이 바람직한 것입니다. 어짊은 삶의 기본으로 삼고, 필요할 때는 의를 실천하세요. 그러면 여러분의 삶은 성인의 삶이 되는 것입니다. 실천, 그것에 모든 것이 달렸습니다.

190

고통과 어려움은 인생의 보석이다

그대로 덕의 지혜와 기술의 지식을 가지고 있는 자는
항상 질병과 고통의 어려움 속에 있다.

有德慧術知者 恒存乎疢疾(유덕혜술지자 항존호진질)

❀ 인생의 본질은 고통, 어려움, 눈물입니다. 그것이 삶
의 대부분을 차지합니다. 또 차지해야만 합니다. 치지하는 것
까지는 이해하더라도, 차지해야만 하는 것은 왜일까요? 삶은
극심한 고통 속에서 단련된 경우라야 큰 임무를 감당할 수 있
기 때문입니다. 어떤 일이든 실행하려면 어려운 일이 한둘이 아
닙니다. 결국 평소부터 단단하게 단련된 사람은 얼마든지 모
든 난관을 돌파해나갈 수 있는 것입니다. 덕과 기술도 마찬가
지입니다. 힘듦이 없다면, 그래서 그저 가져온 것이라면 쉽게
달아나게 됩니다. 그것이 인생의 본질입니다. 모든 것에는 고
통이 필요합니다. 쉽게 얻은 성공은 조금만 어려운 일이 닥쳐
도 지켜내지 못하고, 어려움 속에서 강골(强骨)이 되지 않은 사
람은 쉽게 무너집니다. 고통과 어려움은 인생의 보석입니다.
그것이야말로 모든 희망을 만들어내는 유일한 무기입니다.

191

군자의 세 가지 즐거움

군자에게는 세 가지 즐거움이 있는데,
천하에서 왕 노릇하는 것은 여기에 들어 있지 않다.

君子有三樂 而王天下不與存焉(군자유삼락 이왕천하불여존언)

군자에게는 세 가지 즐거움이 있습니다. 첫째는 부모가 모두 살아 계시고 형제가 무탈한 것입니다. 둘째는 하늘과 땅을 우러러 부끄러움이 없는 것입니다. 셋째는 천하의 뛰어난 영재들을 모아서 그들을 교육하는 것입니다. 여기에 천하의 왕이 되는 것은 없습니다. 그렇다면, 어쩌면 여러분은 이미 즐거움을 경험하고 있을지도 모릅니다. 첫째와 둘째에 해당되기 때문입니다. 그리고 열심히 공부함으로써 앞으로 셋째도 가질 수 있기 때문입니다. 사회적인 성공보다 큰 즐거움은 일상에서 재앙이 없는 것이고, 올바르게 사는 것이며, 나의 일을 열심히 하는 것입니다. 우리는 남들이 정한 기준에 흔들리지 않고 자신의 중심을 굳건하게 지키면서 행복한 삶을 살아가야 합니다. 행복은 이미 내 안에 들어 있는 것입니다.

192

쌀독에서 인심 난다

백성들은 물과 불이 없으면 생활할 수 없으나, 캄캄한 저녁에라도
남의 집 문과 창을 두드리면서 물과 불을 요구하면
주지 않는 사람이 없는 것은 지극히 풍족하기 때문이다.

民非水火不生活 昏暮叩人之門戶求水火 無弗與者 至足矣
(민비수화불생활 혼모고인지문호구수화 무불여자 지족의)

　　물과 불은 생필품입니다. 그래서 누구나가 사용해야
만 하는 것입니다. 그런데 캄캄한 저녁에 갑자기 남의 집에 가
서 물과 불을 달라고 해도 주는 것은 그가 풍족하기 때문입니
다. 풍족하면 인심이 생깁니다. 쌀독에서 인심이 생깁니다. 그
래서 내 주위가 잘살아야 하고, 우리나라 국민들이 모두 잘살
아야 하며, 나아가 전 세계 모든 사람들이 다 잘살아야 합니다.
잘살면 마음이 부드러워지기 때문입니다. 궁핍하면 분란이 생
기고, 끝내는 전쟁이 생기는 것이 세계 역사이기도 했습니다.
그래서 뜻이 있는 자라면 모든 사람들을 가난에서 구제하겠다
는 뜻을 품어야 합니다. 여러분도 꿈이 있다면 전 세계 모든 사
람들을 부자로 만들겠다는 꿈을 품어봄도 바람직합니다. 그
꿈이 우리 모두를 미소 짓게 만들 것입니다.

193

태산에 올라 세상을 보면 세상을 굽어볼 수 있다

공자는 노나라 동산에 올라가 노나라를 작게 여겼고,
태산에 올라가 천하를 작게 여겼다.

孔子登東山而小魯 登太山而小天下(공자등동산이소로 등태산이소천하)

　　지금 여러분이 보는 것은 아무것도 아닐 수 있습니다. 여러분은 지금 동네 동산에 서 있는 것입니다. 대학에 가면 큰 산의 정상에 올라서 있는 것입니다. 그리고 사회에 나가면 태산의 정상에 올라서 있는 것입니다. 높은 곳에 올라서면 세상이 전혀 다르게 보입니다. 여러분이 지금 보는 것들은 모두 실제로 세상에 나와보면 작은 것들입니다. 대학에 가면 훨씬 더 큰 세상이 열립니다. 멋있고 똑똑한 친구와 연애할 수도 있습니다. 사회에 나가면 더 큰 세계가 열립니다. 그러니 여러분은 지금 즐기는 것을 조금 미뤄두세요. 몇 년만 참으세요. 그러면 대학과 사회에서 당당할 수 있습니다. 동네 뒷산에서 세상을 보면 작게 보이지만, 태산에 올라서 세상을 보면 세상을 굽어볼 수 있으며, 온 세상을 내 손에 넣을 수도 있습니다.

194

중용은 모든 일을 중간으로 하는 것이 아니다

중간을 고집하면서 저울질하는 임기응변 방법이 없는 것은
한쪽을 고집하는 것과 같다.

執中無權 猶執一也(집중무권 유집일야)

중용은 좋은 가치입니다. 그러나 매사에 중간만을 취한다는 것은 중용을 진히 모르는 것과 같습니다. 중용은 때에 따라서 적절하게 변화시키는 것이기 때문입니다. 때에 따라 변해야 하는 이유는 그렇게 해야만 더 나은 결과를 낳기 때문입니다. 즉 여러분은 지금 학생이니 공부를 해야 합니다. 중용이라고 하면서 공부도 중간, 연애도 중간, 노는 것도 중간 이런 식으로 어중간하게 살면 안 됩니다. 목표에 올인해야 합니다. 그것이 진정한 중용입니다. 중용은 때와 상황에 따라 적절하게 변화시키는 것이고, 따라서 그 상황에 맞는 적합한 행동을 하는 것을 의미합니다. 따라서 중용을 한답시고 모든 일을 중간으로 하는 것은 어리석은 일입니다.

195

무엇이든 지나치면 안 된다

굶주린 사람은 달게 먹고 목마른 사람은 달게 마신다.

飢者甘食 渴者甘飮(기자감식 갈자감음)

굶주린 사람은 어떤 음식이든 맛있게 먹고, 목마른 사람은 어떤 음료라도 맛있다고 느낍니다. 즉 굶주림과 목마름은 사람의 본성을 해칩니다. 다 좋게 여기기 때문입니다. 이것은 빈곤함도 마찬가지입니다. 너무 가난하면 돈에 목숨을 걸게 됩니다. 그러면 인간다움도 잊어버리게 됩니다. 공부도 그자체를 즐기지 못하고 결과에만 목숨을 걸게 되면 원하는 결과가 나오지 않으면 자살을 하게 됩니다. 명문대를 가지 않고도 얼마든지 당당한 삶을 살 수 있는데 자신의 생명을 끊는 어리석음을 범합니다. 이것은 목표에 너무 목을 매었기 때문입니다. 헝그리 정신은 좋은 것이지만, 지나치게 그것을 가지려고 하면 좋지 않은 결과를 낼 수도 있습니다.

196

중요한 것은 빛을 볼 때까지
어려운 시기를 견디는 능력이다

우물을 아홉 길이나 되게 팠더라도 샘물을 얻지 못하면
오히려 우물을 버리는 것과 마찬가지다.

掘井九軔 而不及泉 猶爲棄井也 (굴정구인 이불급천 유위기정야)

열심히 노력해서 어떤 수준에 도달했더라도 결실을
맺지 않으면 아무런 의미도 없는 것입니다. 그런데 결실을 맺
기는 어렵습니다. 결실이 보일 듯 말 듯하면서 계속 안 보이기
때문입니다. 그러면 사람은 지칩니다. 우울증이 오고, 심지어
신경쇠약까지 옵니다. 실제로 세계적인 업적을 낸 사람들이
오랫동안 빛을 보지 못한 결과 신경쇠약까지 걸린 경우가 있
습니다. 그러나 새로운 시대의 역사를 여는 사람은 비록 신경
쇠약에 걸릴지언정 자신의 가슴 깊숙한 곳에 놓인 자신에 대
한 믿음을 버리지 않습니다. 성공은 성공이라는 결과를 볼 때
까지 도전을 멈추지 않은 자만이 얻을 수 있는 것입니다. 그래
서 가장 중요한 것은 빛을 볼 때까지 어려운 시기를 견디는 능
력이라고 할 수 있습니다.

197

공밥을 먹는 건 도둑질이다

공밥을 먹지 않는다.

不素餐兮(불소찬혜)

삶에서 공밥을 먹는다는 것은 어떤 의미일까요? 그 것은 도둑놈과 같다고 할 수 있습니다. 이 세상에 공짜는 없는 데, 공짜를 누리고 있기 때문입니다. 즉 훔쳐온 것이지요. 이 세상에 공짜는 없습니다. 여러분이 지금 받고 있는 모든 것들 은 공짜가 아닙니다. 부모님의 피와 눈물로 여러분은 공부할 수 있는 것입니다. 여러분은 지금 공부만 하면 되죠. 여러분에 게 돈 벌라고 하지 않지 않습니까? 여러분은 공짜로 밥을 먹어 선 안 됩니다. 그것은 엄밀히 말해 범죄니까요. 여러분은 열심 히 살아야 합니다. 밥값을 해야 합니다. 사회에 나가 밥값을 못 하면 곧바로 해고됩니다. 여러분도 같다고 생각하고 살아야 합니다. 여러분은 모두 열심히 공부해서 밥값을 하고 부모님 을 기쁘게 하는 효자가 되어야 합니다.

198

몸과 마음을 좋고 바른 곳에 두어야 한다

거처는 사람의 기운을 변하게 하고, 봉양은 사람의 몸을 변하게 한다.

居移氣 養移體(거이기 양이체)

집은 사람의 기운을 변하게 합니다. 또 음식은 사람의 몸을 변화시킵니다. 넓은 집에서 좋은 음식을 먹으면 사람은 건강해집니다. 마찬가지로 인의(仁義)라는 곳에 마음이 살면 훌륭한 기품이 자연스럽게 뿜어져나오게 됩니다. 사람은 거처하는 곳, 먹는 음식, 마음을 두는 곳에 따라서 변해갑니다. 그래서 몸과 마음을 좋고 바른 곳에 두어야 합니다. 그래야만 좋은 영향을 받아서 몸도 건강해지고 훌륭한 기품도 나오기 때문입니다.

199

사람을 가르치는 다섯 가지 방법

사람을 가르치는 것이 다섯 가지인데, 때맞춰 오는 비와 같이
사람을 교화시키는 경우가 있으며, 덕을 이루게 하는 경우가 있으며,
재능을 성취하게 하는 경우가 있으며, 묻는 말에 답하는 경우가 있으며,
간접적으로 선을 따르게 하여 다스린 경우가 있다.

所以教者五 有如時雨化之者 有成德者 有達財者 有答問者 有私淑艾者
(소이교자오 유여시우화지자 유성덕자 유달재자 유답문자 유사숙예자)

　　사람을 가르치는 방법에는 다섯 가지가 있습니다. 첫
째, 때맞춰 비가 오듯이 자연스럽게 가르치는 것입니다. 둘째,
덕을 키워 인격을 향상시키는 것입니다. 셋째, 재능을 발휘하
여 빛을 보도록 하는 것입니다. 넷째, 하는 질문에 맞는 답변을
해줌으로써 가르치는 것입니다. 다섯째, 앞선 사람들의 선행
을 간접적으로 들려줌으로써 선을 배우게 하려는 마음을 일깨
워주는 것입니다. 공맹사상에서 말하는 가르침은 결국 바르게
살고 열심히 정진하는 것입니다. 바름과 실력이 바로 그것입
니다. 여러분은 바름 속에서 공부에 최선을 다해야 합니다.

200

용맹하게 마음수양해야 한다

도는 높고 아름다우나 마땅히 하늘에 오르는 것과 같이 어렵다.

道則高矣美矣 宜若登天然(도즉고의미의 의약등천연)

바르게 사는 일에 아무런 문제가 없다면 이미 여러분은 성인입니다. 그러나 누구나 다 아는 올바른 일을 실행하기 어려운 이유는 마음 때문입니다. 비교가 일어나고, 좋지 않은 결과가 나오면 괴롭고, 올바른 길보다는 결과에 마음이 가고, 다른 사람의 아픔보다는 나의 앞길만 생각하고, 좋은 것은 다 가지고 싶고, 반찬투정을 하고, 공부 안 하고 놀고 싶고, 여행이나 다니면서 쉬고 싶고 등등……. 여러분이 이러한 마음을 다스릴 수 있다면 이미 성인입니다. 그러나 이렇게 하는 건 쉬운 일이 아닙니다. 그러나 타협을 해선 안 됩니다. 그러면 바른 길에서 어긋나기 때문입니다. 바른 길에서 어긋나면 반드시 탈이 생깁니다. 그것은 경험해보면 알 것입니다. 자명합니다. 결국 용맹하게 마음수양을 하는 수밖에 없습니다.

201

중요한 것은 얼마나 멀리 가느냐이다

나아가기를 빨리 하는 자는 그 물러남이 빠르다.

進銳者 其退速(진예자 기퇴속)

중요한 것은 속도가 아니라 내실입니다. 빨리 가는 것에만 관심을 두지 마세요. 중요한 것은 얼마나 멀리 가느냐입니다. 빨리 가다가 도중에 쓰러지면 끝입니다. 그러나 비록 천천히 가더라도 멀리 가는 사람은 '역사에 길이 남을 업적'을 세웁니다. 여러분은 빨리 성공하려고 하지 마세요. 인생을 로또 복권처럼 단 한 방에 끝내려고 하지 마세요. 그런 건 없고, 있다고 하더라도 위험합니다. 모진 고생을 하지 않고 얻은 성공은 바람 한번 불면 날아가기 때문입니다. 여러분은 천천히 조금씩 나아가세요. 그러면서 속이 꽉 차 있게 하면서 나아가세요. 그렇게 해야만 50대 이후의 삶이 확연하게 달라집니다. 삶은 장기 전입니다.

202

아는 것보다 중요한 것은 실행이다

지혜로운 사람은 알지 못하는 것이 없으나,
마땅히 힘써야 할 일을 급선무로 여긴다.

知者無不知也 當務之爲急(지자무부지야 당무지위급)

지혜로운 사람은 모르는 것이 없습니다. 그러나 아는 것만으로는 아무런 의미가 없습니다. 실행을 해야 내 것이 되기 때문입니다. 그래서 지혜로운 사람은 실행에 중점을 둡니다. 여러분도 아는 것 중에서 우선순위로 실행해야 할 것을 찾으세요. 그런 뒤에 실천하세요. 아는 것보다는 실천이 우선입니다. 실천하면서 알아가야 합니다. 뛰면서 공부해야 하고, 뛰면서 생각해야 합니다. 뛰는 일을 멈추면 안 됩니다. 실행을 멈추면 무엇도 달라지지 않기 때문입니다. 명심하세요. 아는 것보다 중요한 것은 실행이라는 것을. 실행만이 삶을 변화시킨다는 걸. 여러분도 지금 당장 공부하세요. 당장 아침 일찍 일어나세요. 실행이 정답입니다.

203

무작정 따르는 건 죽은 삶이다

『서경』의 내용을 전부 믿는다면 『서경』이 없는 것만 못할 것이다.

盡信書則不如無書(진신서즉불여무서)

여러분은 책을 보면서 그 내용을 전부 믿나요? 그러면 안 됩니다. 어떤 책을 읽더라도 절대로 다 믿으면 안 됩니다. 또 내 생각과 다르면 따르지 말아야 합니다. 여러분은 스스로의 인생을 살아야지 작가의 인생을 살아선 안 됩니다. 작가의 말대로 따라 말하는 앵무새가 되어선 안 됩니다. 여러분은 책뿐만 아니라 이 세상 모든 것을 자신의 눈으로 다시 그려내야 합니다. 사회에서 정한 규칙만을 따르는 꼭두각시 인형이돼선 안 된다는 말입니다. 그런 삶은 영혼이 없는 삶입니다. 여러분은 권위를 여지없이 파괴하세요. 그리고 자신의 삶을 세우세요. 독서든 뭐든 여러분 생각이 가장 중요한 것입니다. 무작정 따르는 것은 죽은 삶입니다.

204

잘하는 것은 본인의 몫이다

나무를 다루는 목공과 수레바퀴를 깎는 장인이 걸음쇠와 자의 사용법을
가르쳐줄 수는 있으나, 남으로 하여금 뛰어난 실력을 가지게 할 수는 없다.

梓匠輪輿 能與人規矩 不能使人巧(재장륜여 능여인규구 불능사인교)

선생님이 여러분을 가르칠 수는 있습니다. 그러나 여
러분이 실력을 가지고 못 가지고는 전적으로 여러분에게 달렸
습니다. 어떤 분야에서 실력자가 되기 위해서는 두 가지가 필
요합니다. 첫째는 재능입니다. 둘째는 노력입니다. 이 두 가지
가 겸해져야 합니다. 그럼 재능이 더 중요할까요? 노력이 더 중
요할까요? 두 가지 모두 중요한데, 이 중에서 재능을 무시할 수
없습니다. 많은 사람들이 노력만 강조하지만, 재능이 없으면 결
코 성공할 수 없습니다. 공부든, 운동이든, 예술이든 모든 분야
에서 마찬가지입니다. 어느 정도의 재능이 있어야만 대성할 수
있습니다. 만약 그런 재능이 없다면, 스스로가 더욱 노력하는
수밖에 없습니다. 그리고 재능이 있는 부분이 있다면, 그쪽에
올인하는 것이 좋습니다. 재능의 힘은 결코 무시할 수 없으니
까요.

205

인연의 원칙

가는 사람을 쫓지 않으며 오는 사람을 막지 않는다.

往者不追 來者不拒(왕자불추 내자불거)

　가는 사람은 쫓을 수 없습니다. 그대로 떠나갑니다. 그럼에도 그 사람을 쫓으면 스토커가 되고, 범죄자가 됩니다. 마음이 떠나고 발길이 떠나면 보내줘야 합니다. 또 오는 사람은 막지 말아야 합니다. 오는 사람을 받는 것은 인간의 도리이기 때문입니다. 그의 정성에 대한 예의이기 때문입니다. 그래서 가는 사람은 쫓지 말고 오는 사람은 막지 말아야 합니다. 물론 예외도 있을 수 있습니다. 보내지 말아야 할 사람이라면 최선을 다해서 막아야 합니다. 또 오지 말아야 할 사람이라면 받지 말아야 합니다. 함께해서 좋지 않은 결과를 낳을 수 있다면 그래야 하기 때문입니다. 예외 없는 원칙은 존재하지 않습니다. 원칙적으로는 가는 사람을 쫓지 말고 오는 사람을 막지 말아야 합니다. 그러나 예외도 존재함을 알아야 합니다.

206

군자의 삶

군자가 지키는 것은 자기의 몸을 닦아서 천하가 태평해지는 것이다.

君子之守 修其身而天下平(군자지수 수기신이천하평)

군자는 스스로가 정한 삶의 목표와 기준에 맞게 사는 사람입니다 그래서 사회적인 인정이나 부나 명예는 생각하지 않습니다. 그의 목표는 뚜렷합니다. 그것은 자신의 몸을 수양하는 것으로 사람들을 감동시켜 그 감화(感化)로 마침내 천하를 다스리는 데까지 미치는 것입니다. 그리고 세상으로부터 부름을 받아 천하를 다스릴 때에도 자신이 아니라 모두의 의미를 위해서 일하는 것입니다. 우리 모두는 군자의 삶을 살아가야 합니다. 모든 결과를 떠나서 자신의 몸과 마음을 수양하는 것에만 집중하는 삶, 그 삶으로 천하의 사람들을 감화시켜 천하를 다스리는 곳까지 나아가는 삶, 그때가 되어서도 나의 이익이 아닌 모두의 의미를 위해서 일하는 삶을 말입니다.

207

육체적 욕망을 줄이면 행복해질 수 있다

마음을 수양하는 데는 욕망을 적게 하는 것보다 더 좋은 방법이 없다.

養心莫善於寡欲(양심막선어과욕)

마음수양을 하는 데 가장 큰 적은 바로 내 몸입니다. 내 몸을 편하게 하려는 생각, 내 몸을 쾌락에 젖게 하려는 생각, 내 몸을 높은 위치에 두려는 생각이 마음수양을 가장 크게 방해합니다. 내 몸을 위한 조건들을 떠나면 마음수양은 저절로 이루어집니다. 욕망을 많이 가지면 번뇌가 생깁니다. 마음대로 되지 않는 세상에 대해 원망도 하게 되고, 끝내는 극단적인 생각을 하게 됩니다. 욕심을 줄이세요. 그것이 마음수양의 길입니다. 행복에 대한 자료를 검토해보면, 욕심을 적게 가지는 사람이 행복하다는 것을 알 수 있습니다. 왜냐하면 이미 그는 원하는 모든 것을 가졌기 때문입니다. 그러나 욕심이 많은 사람은 항상 불만입니다. 항상 채워지지 않은 상태이기 때문입니다. 육체적 욕망을 줄이면 수양과 행복으로 나아갑니다.

208

사회적인 성공만이 삶의 기준이 되면 안 된다

내시처럼 음흉하게 속을 감추고 세상에 아첨하는 자가 이 향원이다.

閹然媚於世也者 是鄕原也(엄연미어세야자 시향원야)

🌸 향원은 내시로 음흉하게 속을 감추고 세상에 아첨하는 자입니다. 그는 이렇게 말합니다. "이 세상에 태어났으면 이 세상의 풍조를 따르면 된다. 그래서 세상 사람들로부터 갖은 칭찬을 받으면 그것으로 좋은 것이 아닌가." 그러나 오직 사회적인 성공만이 삶의 기준이 되는 이런 삶에는 진정한 자신의 양심이 없습니다. 오직 사람들의 인정만이 있을 뿐입니다. 대중들의 생각이 모두 옳은 것은 아닙니다. 야하게 노출하는 것을 많은 사람들이 반기더라도 그것은 잘못된 것입니다. 사람들이 성공을 반기더라도 반칙을 해서 성공해선 안 됩니다. 사람들에게 인정을 받는 것만 전면에 내세우게 되면 수단의 적법성은 무시됩니다. 그곳에는 올바름이 없습니다. 오직 출세욕만 있을 뿐입니다. 그런 삶은 결국 모두를 울게 합니다. 그런 삶을 살아선 안 됩니다.

209

사람은 오랫동안 겪어본 뒤라야 알 수 있다

비슷하면서 아닌 것을 미워한다.

惡似而非者(오사이비자)

❧　　순수하게 생긴 사람과 진정으로 순수한 사람은 다릅니다. 사람은 연기를 할 수도 있습니다. 사기꾼들은 매우 순수하게 생긴 경우가 많습니다. 말도 대단히 공손하게 합니다. 그러나 그것은 철저한 연기입니다. 비슷한 모습에 현혹되면 안 됩니다. 그 사람의 행동을 오랫동안 관찰해야 합니다. 이 세상에는 믿을 수 없는 사람도 있고, 사기꾼도 많습니다. 또한 범죄도 끊이지 않고 있습니다. 겉만 보고는, 잠시 동안의 행동만으로는 모든 것을 판단할 수 없습니다. 오랫동안 어느 정도의 거리를 두면서 겪어보아야 하고, 그런 뒤에야 온전히 믿을 수 있습니다. 감쪽같이 속을 수도 있기 때문입니다. 사람은 오랫동안 겪어본 뒤라야 알 수 있습니다.

210

천명은 내가 의지로 바꿀 수 없는 것을 말한다

천명이 아닌 것이 없으나, 그 올바른 명을
도리에 거스르지 말고 받아들여야 한다.

莫非命也 順受其正(막비명야 순수기정)

천명(天命)은 내가 의지로 바꿀 수 없는 것을 말합니다. 태어남과 죽음, 수명, 내 의지와 관계없이 만들어진 길흉화복 등을 말합니다. 이것은 나의 손을 떠나서 결정되는 하늘의 명령입니다. 이것이 천명입니다. 그래서 내가 자초한 화(禍)는 천명에 포함되지 않습니다. 그것은 단지 나의 실수일 뿐입니다. 그래서 자신이 잘못해서 발생한 일을 두고 천명이라고 말해선 안 됩니다. 그것은 자신의 의지로 바꿀 수 있기에 최선을 다해서 바꾸어야 합니다. 사람은 천명을 거스를 수 없기 때문에 받아들여야 합니다. 그것은 내 손을 떠나서 결정되는 것입니다. 내 손으로 바꿀 수 있는 것은 천명이 아닙니다. 그것은 내 노력으로 결정됩니다. 내가 할 수 있는 일은 최선을 다하고 천명이라고 하며 노력하지 않음을 변명하지 말아야 합니다.

셋

노자
작은 것이
큰 것이 되는 삶이어야

211

유(有)의 본질은 무(無)다

이름이 없는 것은 하늘과 땅의 시작이다.

無名天地之始(무명천지지시)

　　　　모든 것은 무(無)에서 생성되었습니다. 하늘과 땅도 무에서 유(有)가 된 것입니다. 모든 발명과 문명의 진보도 근본은 무입니다. 무의 상태는 위대합니다. 그것이 유를 만드니까요. 생각만 하더라도 새로운 생각을 하기 위해선 백지를 꺼내놓고 생각해야 합니다. 잡다한 생각들은 싹 다 정리를 해야 합니다. 복잡하면 제대로 생각할 수 없기 때문입니다. 진정한 결실을 얻기 위해서는 열심히 배우되 어떤 틀에 갇히면 안 됩니다. 제로(0)에서 생각해야 합니다. 전혀 다른 규칙이 필요하기 때문입니다. 유의 본질은 무입니다. 우리는 비움으로써 앞으로 나아가야 합니다. 생각을 위해서도, 진보를 위해서도 비우고 원점에서 생각해야 합니다.

212

말을 많이 하면 실수를 하게 마련이다

말이 많으면 자주 막힌다.

多言數窮(다언삭궁)

말을 많이 하면 실수를 하게 마련입니다. 말을 하지 않는 것도 문제이지만, 너무 많이 하는 것도 좋지 않습니다. 말 실수를 해서 막다른 곳으로 몰릴 수 있기 때문입니다. 그래서 말은 할 말만 하고 필요 없는 말은 하지 않는 것이 좋습니다. 말을 많이 하면 실수를 하게 마련입니다. 그런 점에서 말은 경계가 필요한 것입니다.

213

성공을 하고 나서도 겸손해야 한다

부귀하면서 교만하면 스스로 허물을 남기게 된다.

富貴而驕 自遺其咎 (부귀이교 자유기구)

성공을 하고 나서 교만하면 사람들의 비난을 받게 됩니다. 그때에는 오히려 더 겸손해야 합니다. 자기 스스로의 노력을 통해서 인간됨을 유지해야 합니다. 왜냐하면 으레 교만해지기 쉽기 때문입니다. 사람은 언제나 상대를 부와 지위, 명예를 떠나서 대해야 합니다. 그것이 인간과의 진정한 관계이기 때문입니다. 높은 곳으로 몸이 가게 되면 자연스럽게 오만해지기 쉽기에 스스로 노력하지 않으면 마음이 흐트러집니다. 따라서 노력이 필요합니다.

214

사람은 자신의 일을 묵묵히 해야 한다

일을 성취하고도 자랑하지 않는다.

爲而不恃(위이불시)

　　자랑하는 사람은 보기 흉합니다. 특히 무언가 대단한 것을 이루고 자랑하면 더 그렇습니다. 가만히 있어도 대단한 줄 아는데, 자랑까지 하니 얄미운 것입니다. 사람은 높은 곳으로 올라갈수록, 큰일을 이룰수록 자랑하지 말아야 합니다. 이미 대단하기 때문에 자랑하면 넘칩니다. 사람은 남이 잘되는 것을 보면 진심으로 축하해주기보다 자신이 잘못 살고 있는 것에 대한 자책 때문에 착잡한 마음이 먼저 듭니다. 그 점을 잊어선 안 됩니다. 사람은 잘되었을 때도 자신의 일을 묵묵하게 해야 합니다. 이것은 잘못되었을 때도 마찬가지입니다. 신세 한탄을 해도 도와주는 사람은 없고, 듣는 사람만 괴로울 뿐이기 때문입니다.

215

비어 있는 것이 쓸모를 만들어낸다

찰흙을 이겨서 그릇을 만드는데, 그 가운데가 비었기 때문에
그릇의 쓸모가 있다.

埏埴以爲器 當其無 有器之用(연식이위기 당기무 유기지용)

찻잔이나 술병은 그릇 내부가 비어 있기 때문에 쓸모
가 있는 것입니다. 만약 그릇 내부가 꽉 차 있다면 쓸모가 없는
것입니다. 비어 있다는 것, 그것은 쓸모를 만들어냅니다. 모든
것을 잘하려고만 하지 마세요. 때로는 못 되더라도 괜찮습니
다. 오히려 그것이 쓸모를 만들어낼 수 있기 때문입니다. 가득
찬 것, 명문대, 성공만이 전부는 아닙니다. 오히려 비어 있는
것, 비명문대, 실패가 여러분의 삶을 쓸모 있게 만들 수도 있습
니다. 왜냐하면 비어 있는 것에서 쓸모가 생기고, 비명문대와
실패가 여러분을 오히려 더 열심히 하는 학생으로 만들 수 있
기 때문입니다. 분명 가득 찬 것보다 비어 있는 것이 오히려 더
쓸모가 있을 수도 있습니다.

216

세상을 위한 마음이 없다면 지혜도 해악이 된다

지혜가 나오고서 큰 거짓이 생긴다.

慧智出有大僞(혜지출유대위)

지혜롭다는 것은 좋은 것입니다. 그러나 지혜도 잘못 활용하면 커다란 해악을 만들어냅니다. 미국의 최고 명문대를 가장 우수한 성적으로 졸업한 사람들이 대부분 가는 곳은 감옥이라고 합니다. 가장 뛰어난 학생이 전과자가 되는 것입니다. 아무리 똑똑해도 그것을 잘못 사용하면 큰 문제가 생깁니다. 지혜로워진다는 것은 세상을 이롭게 만들 지혜도 만드는 것이지만, 동시에 세상을 해롭게 만들 지혜도 만드는 것을 의미합니다. 얼마든지 그렇게 할 수 있습니다. 그래서 공부를 많이 해서, 사색을 많이 해서 지혜로워졌다면 무엇보다도 올바름을 지키겠다는 마음을 견지해야 합니다. 그렇지 않으면 오히려 더 좋지 않은 결과를 낳을 수도 있습니다. 세상을 위한 마음이 없다면 지혜도 해악이 되는 것입니다.

217

효도와 자애라는 말은 원래 없어야 하는 말이다

집안이 화목하지 못하고서야 효도와 자애가 생긴다.

六親不和有孝慈(육친불화유효자)

효도와 자애라는 말은 원래 없어야 하는 말입니다. 그 말은 공기나 태양처럼 우리 삶의 필수요소이기 때문에 우리가 인식하지 못할 정도로 생활의 일부가 되어야 하기 때문입니다. 그러나 그 말을 인식한다는 것은 상황이 좋지 않다는 것을 말합니다. 효도와 자애를 생각하고 고민해야 할 상황이 되었다는 말이기 때문입니다. 그래서 가장 좋은 것은 효도와 자애라는 말을 사용하지 않는 상황입니다. "내가 효도하고 있다. 우리 형제간이 자애롭다"는 것을 의식하지 않고 살 정도로 아무런 문제 없이 잘 지내고 있는 것이 좋은 것입니다. 만약 효도와 자애라는 것을 의식하기 시작했다면 최선을 다해서 실행해야 합니다. 그러면 나아질 수 있을 것입니다.

218

공부는 길을 만든다

학문을 끊어버리면 근심이 없어진다.

絶學無憂(절학무우)

알면 병이고 모르면 약이라는 말처럼 식자(識者)는 우환이 많습니다. 그것은 문제를 정확히 알기 때문입니다. 그래서 상황이 만만치 않다는 것을 알고, 그 결과로 근심이 생기는 것입니다. 그러나 배우면 근심걱정이 늘어난다고 하더라도 쉼 없이 배워야 합니다. 그것이 삶을 적극적으로 사는 것이고, 이 세상을 변화시키는 길이며, 배움 속에서 진보가 나오기 때문입니다. 무에서 유가 나오기도 하지만, 그것은 어느 정도의 지식이 전제되어 있을 때라야 가능합니다. 아무것도 모르는 상태에서는 아무것도 나오지 않습니다. 우리는 공부해야 합니다. 공부하면 근심이 생기지만, 그 근심도 공부 속에서 해결될 것입니다. 공부는 길을 만듭니다.

219

삶은 끊임없이 발전할 때 기쁠 수 있다

적으면 곧 얻게 된다.

少則得(소즉득)

소유물을 적게 가지고 있는 사람은 물건을 하나 살 때마다 기쁨을 누릴 수 있습니다. 그러나 많이 가진 사람들은 그런 기쁨을 누리지 못합니다. 소유물을 가지는 것이 삶의 목표가 되면 우울증에 빠질 수도 있습니다. 물건을 가진 기쁨은 오래가지 않기 때문입니다. 생각해보세요. 여러분이 스마트폰을 구입하고 나서 그 기쁨이 얼마나 오래갔나요? 모든 것이 그렇습니다. 서울대에 입학해도 기쁨은 오래가지 않고, 변호사가 되어도 마찬가지입니다. 삶은 끊임없이 발전할 때 기쁠 수 있습니다. 가난한 사람은 그런 기쁨을 누릴 수 있습니다. 그 삶이 많이 가져서 따분하고 우울한 삶보다 더 나을 수도 있습니다. 열심히 일하면서 보람을 느낄 수 있고, 하나씩 물건을 구입하면서 소소한 즐거움도 누릴 수 있으니까요.

220

무리하는 자는 멀리 가지 못한다

큰 걸음으로 걷는 자는 멀리 가지 못한다.

跨者不行(과자불행)

큰 걸음으로 걷는 자는 지금 당장은 보폭이 크기 때문에 멀리 갑니다. 그래서 아주 멀리 갈 것처럼 생각됩니다. 그러나 그는 멀리 가지 못합니다. 왜냐하면 무리를 하고 있기 때문입니다. 무리하는 것은 한계가 있습니다. 계속해서 그것을 유지할 수는 없습니다. 여러분 삶의 목표는 빨리 가는 것이 아니라 멀리 가는 것이 되어야 합니다. 그렇게 되기 위해선 적정한 속도로 걸어야 합니다. 그래서 무리가 오지 않아야 합니다. 공부도 너무 무리하면 오래할 수 없습니다. 적당한 강도로 해야 오래할 수 있고, 오래해야 멀리 갑니다. 여러분은 지금 당장 무언가를 얻기 위해서 너무 무리하지는 마세요. 그것보단 꾸준히 전진하는 것이 중요합니다.

221

인간은 자연에서 배워야 한다

도는 자연을 본받는다.

道法自然(도법자연)

인간은 사회 속에서 살아갑니다. 그러나 크게 보면 자연계를 살아가는 동물입니다. 그래서 자연의 법칙에서 벗어나면 살 수 없습니다. 인간은 자연을 본받고 자연에서 배워야 합니다. 춘하추동(春夏秋冬)이 돌고 도는 것을 보며 유비무환의 자세를 배우고, 바위틈에서 나오는 소나무를 보며 끈질긴 생명력을 배우며, 새끼를 맹수로부터 보호하기 위해 함께 뭉쳐서 대응하는 물소의 모습에서 상호부조 정신을 배워야 합니다. 자연으로부터 인간이 배울 점은 많습니다. 그것은 우리 인생에 커다란 교훈을 주며, 삶의 진리를 전합니다. 인간은 자연에서 배워야 합니다. 인간은 자연계의 동물로서 자연을 존중하며 살아가야 합니다.

222

조용하고 소극적인 삶이 더 좋을 수도 있다

심한 것을 버리고, 사치를 버리며, 교만함을 버린다.

去甚 去奢 去泰(거심 거사 거태)

사회적인 성공을 하려면 에너지가 넘쳐야 합니다. 그러나 그 삶이 좋은 것만은 아닙니다. 그 삶은 자신과 타인과의 극렬한 투쟁이기 때문입니다. 그 삶보다는 조용하고 소극적인 삶이 더 좋을 수도 있습니다. 즉 심한 것, 사치, 교만함을 버리는 삶이 더 좋을 수도 있습니다. 그 삶이야말로 조용하게 자기 자신에게 집중할 수 있도록 만들기 때문입니다. 또 어디에도 매이지 않을 수 있기 때문입니다. 심한 것을 버리려면 중용을 취하면 되고, 사치를 버리려면 소박하면 되며, 교만하지 않으려면 검소한 생활을 하면 됩니다. 이 삶은 마음의 동요가 적은 삶입니다. 소박하고 성실하게 살아가는 삶이기 때문에 그렇습니다. 노자가 주장하는 이 삶은 우리 시대에 한번쯤 고민해볼 삶의 방식입니다. 조용하지만 행복한 삶이기 때문입니다.

223

내 인생의 열일곱은 다시 돌아오지 않는다

사물은 왕성하면 노쇠하게 된다.

物壯則老(물장즉로)

모든 것은 왕성하면 늙게 되어 있습니다. 사람도 물건도 그렇습니다. 그래서 사용하기 좋을 때 잘 사용해야 합니다. 그때를 놓치고 나면 좋은 때는 다시 오시 않기 때문입니다. 여러분 인생에서 열일곱 살은 다시 오지 않는 때입니다. 정말 소중한 시간이죠. 그 점을 잊어선 안 됩니다. 여러분도 늙으니까요. 여러분은 지금 시간이 더디게 가는 것처럼 느껴지겠지만 나중에 지나보면 그 시간이 너무도 빨리 지나갔음을 알게 될 것입니다. 지금을 소중히 여기세요. 여러분의 때는 정말 황금기입니다. 최고의 피크타임입니다. 그러니 하루하루를 열심히 살아감으로써 후회를 남기지 마세요. 후회를 남겨선 안 됩니다. 인생은 단 한 번뿐이니까요.

성공은 패배자의 눈물 위에서 존재할 수 있다

전쟁에서 승리한다고 해도 상례로써 이에 대처해야 한다.

戰勝 以喪禮處之(전승 이상례처지)

전쟁에서 이겼으면 기쁨에 들떠서 웃을 것이 아니라 죽은 자를 기리는 마음을 가지고 처신해야 합니다. 그것이 인간의 도리입니다. 여러분이 명문대에 입학하거나 성공을 하게 되더라도 마찬가지입니다. 여러분의 승리는 패배자의 눈물 위에서 존재할 수 있는 것입니다. 성공을 한 사람은 항상 그 점을 잊어선 안 됩니다. 따라서 성공을 했을 때 기뻐하기보다는 패배한 사람에게 미안한 마음을 먼저 가져야 합니다. 그리고 실패한 사람들의 손을 잡고 함께 가려는 자세를 지녀야 합니다. 그것이 인간의 도리입니다. 우리 사회는 강한 사람만 살아남고 약한 사람은 모조리 죽는 아수라장이 되어선 안 됩니다. 내가 패배한 남을 도와주고, 내가 패배했을 때 남이 나를 도와주는 사회가 되어야 합니다. 삶은 사랑입니다.

225

꿈은 키우고, 욕망은 적게 한다

그칠 줄 알면 위태롭지 않을 것이다.

知止 可以不殆(지지 가이불태)

욕망을 끝없이 만족시킬 수는 없습니다. 그것은 인간 세상에서는 불가능한 일입니다. 결국 만족하기 위해서는 욕망을 줄이는 수밖에 없습니다. 꿈을 크게 가지는 것은 욕망을 크게 가지는 것이 아닙니다. 꿈은 정신적인 의미입니다. 반면 욕망은 육체적인 측면입니다. 정신적으로 바르게 살고, 자신의 몸과 마음을 수양하며, 모두를 위해서 무언가를 하겠다는 꿈은 클수록 좋습니다. 그러나 자신의 몸을 위한 욕망은 제어해야 합니다. 음식, 집, 성(性) 등이 바로 그것입니다. 육체적 욕망을 극대화하면 삶이 피폐해집니다. 그때에는 스스로를 만족해야 한다고 설득해야 합니다. 또 꿈에 열중함으로써 육체적 에너지를 고차원적으로 불태워야 합니다.

226

자기 자신을 아는 사람은 현명한 사람이다

스스로를 아는 사람은 현명하다.

自知者明(자지자명)

자기 자신을 아는 사람은 현명한 사람입니다. 공부로 성공할 것 같지 않다면, 일찍 공부를 포기하는 것이 현명합니다. 그리고 일찍 장사를 시작하거나 연예계로 진출하거나 운동을 하는 것이 좋습니다. 그런데 그런 일들도 자신을 정확히 알고 시작해야 합니다. 아버지와 어머니의 성향이나 능력을 보는 것도 좋고, 내가 진정으로 좋아하는 일이 무엇인가 가슴에 묻는 것도 좋습니다. 앞으로는 사실 공부보다는 공부 외적으로 성공하는 것이 더 크게 성공할 수 있는 길입니다. 성공의 방정식이 다양화되고 있기 때문입니다. 자신의 가능성은 자기가 가장 정확히 압니다. 자기 자신에게 질문을 던지고 답을 내리면서 자신을 정확히 알아가는 작업을 해야 합니다. 그리고 자신에게 가장 적합한 길을 선택하고 그곳에 목숨을 걸어야 합니다.

227

자기 자신을 이기는 자는 강한 자다

스스로를 이기는 사람은 강하다.

自勝者强(자승자강)

남을 이기는 자보다 자기 자신을 이기는 자가 강한 자입니다. 자신을 이긴다는 것은 자신의 육체적 욕망을 이기는 것을 말합니다. 더 먹고 싶은 욕구, 휘들어서 하기 싫은 욕구, 방탕하게 지내고 싶은 욕구, 육체적 쾌락을 탐닉하고픈 욕구, 교만하고 거만하려는 욕구 등 자신의 몸을 둘러싼 욕구를 말합니다. 몸의 욕구는 통제하기 쉬운 것이 아닙니다. 인간은 본질적으로 동물이기 때문입니다. 그래서 이것을 이긴 자를 강한 자라고 하는 것입니다. 자신의 몸을 다스려야 합니다. 스스로 잘 다스려야 합니다. 자신의 몸을 이기면 모든 것을 이길 수 있습니다. 마음의 힘으로 자신의 몸을 잘 다스리면 삶은 더 높은 경지로 우뚝 올라설 수 있습니다.

228

만족하면 행복하다

만족할 줄 아는 사람은 부유하다.

知足者富(지족자부)

큰사람들은 불평불만하지 않습니다. 어떤 경우에도 불만을 말하지 않습니다. 힘들 때 불평불만하지 않고, 잘나갈 때 들뜨지 않습니다. 언제나 미동이 없습니다. 왜냐하면 자신의 중심을 잘 지키고 있기 때문입니다. 사람은 어떤 상황에 있더라도 만족할 줄 알 때 강한 사람이 될 수 있습니다. 그러면 언제나 행복할 수 있기 때문입니다. 부자라도 만족할 줄 모르면 가난한 사람과 다를 바 없습니다. 가난하더라도 만족할 줄 알면 재벌과 다를 바 없습니다. 삶은 내 몸이 느끼는 바로 결정되는 것이 아니라 내 마음의 힘으로 결정되는 것입니다. 육체가 마음을 변화시키기도 하지만, 마음의 힘이 굳건하면 오히려 육체를 통제하기도 합니다. 만족하면 행복합니다. 어떤 경우에도 그는 자신감이 넘칠 수 있습니다.

229

조건 없이 베푸는 삶이 가장 좋은 삶이다

최상의 덕은 덕을 마음에 두지 않는다. 그렇기 때문에 덕을 지니게 된다.

上德不德 是以有德(상덕부덕 시이유덕)

최상의 덕은 그것을 실행하고도 마음에 담아두지 않는 것입니다. 즉 좋은 일을 하고 나서 '내가 좋은 일을 했구나!' 라는 생각을 하지 않는 것입니다. 그것을 잊어버리는 것입니다. 왜냐하면 대가를 바라지도 않고, 칭찬을 바라지도 않기 때문입니다. 진정한 덕은 그래야 합니다. 대가 없이 베풀어야 하고, 칭찬을 바라지 않고 도와줘야 합니다. 무언가를 바라면 사람은 추해집니다. 물론 절대로 쉬운 경지가 아닙니다. 조건 없이 무언가를 베푼다는 것은 그렇습니다. 또 사람은 돈과 명예를 떠나기 쉽지 않고, 육체적 욕망을 다스리기도 힘들기 때문입니다. 그러나 진정으로 높은 경지는 그렇습니다. 조건 없이 베푸는 삶은 가장 좋은 삶입니다.

230

전체적인 숲을 먼저 파악해야 한다

수레의 각 부분을 상세하게 살피려 한다면 전체적인 수레는 없다.

致數與無輿(치수어무여)

디테일을 살피는 것은 중요합니다. 그러나 너무 지엽적인 문제에만 매달리면 안 됩니다. 전체적인 숲을 먼저 파악하고, 중요한 부분이 어디인지를 파악한 뒤 가장 중요한 부분에 집중해야 합니다. 그래야 높은 성과를 만들 수 있습니다. 어떤 것이든 효율을 생각한다면 우선순위를 생각해야 하며, 그러기 위해선 전체적인 그림을 확인하는 것이 중요합니다. 여러분이 공부를 하든 무엇을 하든 간에 수시로 전체적인 그림을 확인해야 합니다. 그럼으로써 지금 나의 배가 어디로 향하고 있는지, 어디에 목표가 있는지, 제대로 가고 있는지를 확인하며 집중해야 할 부분을 바로잡아야 합니다. 삼성전자도 집중해야 할 가치를 계속 변화시켜서 세계최고의 기업이 될 수 있었습니다. 언제나 전체 그림을 확인하면서 변화해야 성공할 수 있습니다.

231

평생 열심히 살아가면 누구보다도
큰인물이 될 수 있다

큰 그릇은 늦게 이루어진다.

大器晚成(대기만성)

여러분이 지금 당장 성과를 못 내더라도 실망하지 마세요. 스무 살 때의 대학입시로 인생이 결정되는 건 아니니까요. 삶은 장기 경주이고, 열심히 살아가면서 끊임없이 역전이 벌어지는 게임입니다. 그래서 열심히 사는 사람이 역전을 하기도 하고, 게으름을 피우는 사람이 역전을 당하기도 합니다. 여러분에게 큰 꿈이 있다면 적어도 평생을 열심히 산다고 생각하세요. 그러면 10년 이후에는 빛을 보게 될 것입니다. 만약 그렇지 못하다면 20년 후에는 보게 될 것입니다. 만약 그렇지 못하다면 30년 후에는 보게 될 것입니다. 열심히 한 것은 언젠가는 드러나니까요. 열심히 살아가는 자세를 평생 견지하면 누구보다도 큰인물이 될 수 있습니다.

232

모든 것은 적정선을 넘으면 안 된다

힘세고 강한 자는 온전한 죽음을 맞이하지 못한다.

强梁者 不得其死(강량자 부득기사)

🌸 자신의 힘과 능력만을 믿고 오만하게 행동하는 사람
은 온전한 죽음을 맞지 못합니다. 사람은 언제나 겸손을 알아
야 합니다. 또 오만을 경계해야 합니다. 또 사람에 대한 도리를
잊어선 안 됩니다. 물론 사람은 자신의 힘과 능력을 신뢰해야
합니다. 세상의 모든 일은 자신의 손으로 만들어가야만 하기
때문입니다. 그러나 그 정도를 지나쳐 오만함으로 나아가면
안 됩니다. 그것은 선을 넘은 것이기 때문입니다. 모든 것은 적
정선을 넘으면 안 됩니다. 자신의 능력을 신뢰하되 적정선에
대한 경계는 항상 해야만 합니다. 사람은 도리를 지키며 살아
야 합니다.

233

부드러움은 강함을 압도한다

천하에서 제일 부드러운 것은
천하에서 제일 단단한 것을 마음대로 부린다.

天下之至柔 馳騁天下之至堅(천하지지유 치빙천하지지견)

　　부드러움이 강함을 이기는 경우는 많습니다. 장군은
강합니다. 그러나 왕에게는 안 됩니다. 그러나 왕은 예수와 부
처에게는 이길 수 없습니다. 그들을 따르는 이들이 많기 때문
입니다. 예수와 부처의 핵심은 사랑과 자비입니다. 남자는 강
합니다. 그러나 그들을 이끄는 자는 부드러운 여자입니다. 이
세상의 모든 영웅도 어머니 품에서 자랐습니다. 성격이 난폭
한 자들도 수녀님이 부드러운 말로 인도하면 심정의 변화가
일어납니다. 거센 바람은 남자의 외투를 벗기지 못했지만, 따
뜻한 햇볕은 힘들이지 않고 남자의 외투를 벗겼다는 이야기도
있지요. 부드러움이 강함을 압도합니다. 그런 예는 많습니다.
부드러움으로 살면 가장 강할 수 있습니다.

234

삶의 존재이유는 무엇인가

많이 저장하면 반드시 크게 잃게 된다.

多藏 必厚亡(다장 필후망)

물질적 성공에 지나치게 몰두하면 오히려 재산을 크게 잃을 수 있습니다. 나아가 인간의 본질마저 잃을 수 있습니다. 자신만의 욕심에 갇히면 올바른 판단능력이 떨어집니다. 또 세상과 다른 사람의 아픔을 순수하게 느끼지 못합니다. 그러면 다른 사람의 요구를 제대로 들어줄 수 없고, 결국 고객이라는 사람들로부터 외면받게 됩니다. 나의 욕심에만 갇혀서는 절대로 성공할 수 없습니다. 사람을 위한 순수한 마음으로 일해야만 성공할 수 있습니다. 나아가 그런 자세로 살아야만 나의 존재이유라는 중심을 잃지 않을 수 있습니다. 여러분은 돈을 많이 벌기 위해, 성공하기 위해서 태어난 것이 아닙니다. 여러분은 자신의 몸을 수양하는 삶, 다른 사람들에게 도움을 주는 삶을 살기 위해서 태어난 것입니다. 그것이 삶의 존재이유입니다.

235

우리는 때로는 바보가 되어야 한다

천하를 위하여 그 마음을 흐리게 가진다.

爲天下渾其心(위천하혼기심)

세상을 잘 다스리기 위해서 잘잘못을 따지지 않는 것이 좋을 때도 있습니다. 잘잘못을 밝히는 것이 오히려 더 안 좋은 결과를 낳을 수도 있기 때문입니다. 물론 이 말이 좋은 것이 좋은 것이라며 모든 잘못을 유야무야 넘어가는 것을 의미하진 않습니다. 필요에 따라서 달라야 한다는 말입니다. 지나치게 밝고 분명하게 모든 것을 따지면 사람 사이가 불편해질 수도 있고, 사람들의 마음이 옹졸해질 수도 있습니다. 때에 따라서는 그냥 넘어가는 미덕이 필요합니다. 손님이 버스를 탔는데 깜빡하고 지갑을 집에 두고 온 것을 알았을 때는 버스기사님이 다음에 두 배로 내시라고 하며 웃으며 넘어가는 것이 아름답습니다. 너무 깐깐하면 답답한 세상이 됩니다. 우리는 때로는 대하기 편한 바보가 되어야 합니다. 그래서 모두를 품어야 합니다.

236

재앙과 복은 한 몸이다

재앙은 복이 의지하는 곳이고, 복은 재앙이 도사리고 있는 곳이다.

禍兮福之所倚 福兮禍之所伏 (화혜복지소의 복혜화지소복)

재앙의 그늘에는 복이 바짝 붙어 있고, 복의 그늘에는 재앙이 바짝 붙어 있습니다. 그래서 재앙과 복은 마치 꼬아 놓은 새끼와 같고 동전의 앞뒷면과 같습니다. 현재 상황이 좋지 않다면 그 뒷면에는 복이 있습니다. 더 정신을 차리고 열심히 하면 전화위복이 되기 때문입니다. 상황이 힘들면 사람은 더 집중하게 되고, 더 열심히 하게 됩니다. 그래서 오히려 더 좋은 성과를 내게 됩니다. 그러나 승승장구하면 도리어 자만하게 되고 실패하게 됩니다. 야구선수 류현진은 "컨디션이 좋을 때 공을 못 던지고, 컨디션이 좋지 않을 때 공을 잘 던진다"는 말을 했습니다. 컨디션이 좋을 때는 자신 있게 가운데로 공을 던지다가 홈런을 맞지만, 컨디션이 좋지 않을 때는 집중해서 공을 던지는 것이 그 이유라고 했습니다. 우리의 삶이 그렇습니다. 재앙은 곧 복이 될 수 있습니다.

237

삶은 오직 나만 보며 사는 것이다

빛이 있더라도 빛내지 않는다.

光而不耀(광이불요)

잘하는 것을 자랑하지 마세요. 사람들에게 인정받으려고 하지 마세요. 물론 자랑하고 싶은 것, 인정받고 싶은 것은 인지상정입니다. 그러나 우리가 추구해야 할 길은 아닙니다. 우리는 우리 자신의 공부와 일만 열심히 하면 되는 것입니다. 공부, 그 자체를 즐기는 것입니다. 우리는 우리 삶을 열심히 살아가는 것, 그 자체를 즐겨야 합니다. 이 속에서 즐거움과 행복함을 경험해야 합니다. 다른 사람의 칭찬에 기뻐하고 비난에 실망해선 안 됩니다. 다른 사람이 내 삶의 기준이 되어선 안 됩니다. 그래서 잘하면 자랑하고 못한 것도 거짓말로 잘하는 것처럼 보이려고 해선 안 됩니다. 그런 삶은 진정한 자신이 없기 때문입니다. 삶은 나로 와서 나로 가는 것입니다. 오직 나만 보며 사는 것입니다. 그럴 때 흔들림 없이 전진할 수 있습니다.

238

실력을 갖추고 겸손으로
모두를 끌어안아야 한다

큰 자는 마땅히 몸을 낮출 줄 알아야 한다.

大者宜爲下(대자의위하)

강한 사람은 남의 위로 오르려고 하고 남을 지배하려고 합니다. 그러나 그런 방식은 오래갈 수 없습니다. 진정한 참여를 이끌어낼 수 없기 때문입니다. 사람은 위로 올라갈수록 겸손해야 합니다. 진정한 강자는 겸손해도 모두가 실력을 인정합니다. 실력은 실력이 있으면 드러나게 마련입니다. 즉 중요한 것은 진정한 실력입니다. 그리고 묵묵한 전진입니다. 그리고 겸손입니다. 강자가 겸손하게 임하면 모든 사람들을 끌어안을 수 있습니다. 빈 수레는 요란합니다. 여러분은 우선 실력을 갖추어야 합니다. 그런 뒤에 겸손으로 모두를 끌어안아야 합니다.

239

원한은 용서해야 한다

원한 갚기를 덕으로써 한다.

報怨以德(보원이덕)

원한 갚는 것을 덕으로 한다? 어려운 일이죠. 당연합니다. 그러나 용서라는 가치는 위대합니다. 원한을 똑같이 복수로 대처하면 나도 같은 짐승이 되고 맙니다. 원한은 용서해야 합니다. 세상에 이해할 수 없는 사람은 없습니다. 심지어 연쇄살인범도 이해할 수 있습니다. 그의 구체적 사정을 파고들어가 보면 모두 이해가 되기 때문입니다. 남에게 잘못을 저지르는 사람은 사실 불쌍한 사람입니다. 그릇된 삶을 살고 있기 때문입니다. 우리는 그들을 측은하게 생각해야 합니다. 그리고 올바른 길로 인도해야 합니다. 우리는 모두가 함께 잘사는 사회를 만들어야 하고, 그들 역시 인간으로 다시 태어날 수 있도록 도와줘야 합니다. 우리는 원한을 덕으로 갚음으로써 보다 나은 인간으로 나아가야 합니다.

240

꿈은 오늘의 실천에서 시작된다

9층의 누각도 한 삼태기의 흙을 쌓는 데서 시작된다.

九層之臺 起於累土(구층지대 기어루토)

천리 길도 한 걸음부터입니다. 여러분에게 꿈이 있다면 오늘 하루를 열심히 살아야 합니다. 모든 것은 작은 것의 합으로 이루어집니다. 인생에서 큰 성공도 차근차근 한 걸음씩 전진했기 때문에 이루어지는 것입니다. 그것은 오늘에서 결정되고, 지금 내가 쓰는 1분 1초로 결정됩니다. 오늘 열심히 살아야 합니다. 꿈이 있다면 오늘만큼은 후회 없이 보내야 합니다. 내일은 생각하지 마세요. 내일은 내일이 되면 오늘이 되니까요. 우리의 삶은 오늘이 전부입니다. 오늘이 쌓여 1년이 만들어지고, 1년이 모여 인생을 이룹니다. 꿈은 오늘의 실천에서 시작됩니다.

넷

대학

제대로 살피고
제대로 행해야 한다

241

머물러야 할 목적지는 어디인가?

머물러야 할 목적지를 안 뒤에 결정됨이 있다.

知止而后有定(지지이후유정)

여러분이 지금 열심히 공부하는 이유는 머물러야 할 목적지로 가기 위함입니다. 그 목적지는 어디일까요? 그것은 지극히 좋은 경지로, 타인을 위한 순수한 마음을 가지고 성실하게 삶을 살아가는 것입니다. 삶에 있어서 성공과 출세라는 것은 부차적인 것입니다. 돈이 많고 적음도 삶의 본질은 아닙니다. 삶에서 진정으로 중요한 것은 성실하게 살아가는 것입니다. 또, 그것이 나만을 위한 것이 아니라 모두를 위한 가치를 만들어내는 것입니다. 여러분은 지금 열심히 공부하세요. 그리고 가슴속에 모두를 위한 가치를 만들어내겠다는 뜻을 품으세요. 그리고 평생을 열심히 살아가세요. 그러면 반드시 좋은 경지에 머물 수 있을 테니까요!

242

공부의 중심은 본질에 대한 깊은 이해다

학문을 닦아 지식을 지극히 하는 목적은
사물의 이치를 깊이 연구하는 데 있다.

致知在格物(치지재격물)

여러분은 공부를 하고 있습니다. 지금은 시험을 위한 공부일 수도 있습니다. 학교시험, 수능시험을 위한 공부일 수도 있습니다. 그러나 공부의 본질은 시험에 합격하는 것이 아닙니다. 공부의 본질은 지식을 완전하게 연마하는 것입니다. 그것은 인간과 세상, 사물의 근본적인 이치를 살펴서 찾는 것을 말합니다. 그래서 그 본질을 찾고, 그것을 우리 삶을 바꾸도록 이용하는 것입니다. 문학·역사·철학의 인문학, 과학, 예술 등 모든 학문이 그렇습니다. 여러분, 지금부터 공부할 때는 이해를 철저히 하세요. 그래서 그 본질을 이해하세요. 모든 것에 호기심을 갖고 깊이 살펴서 이해하면, 여러분은 지식인이 되고, 자신의 삶뿐만 아니라 우리 세상 모두를 변화시킬 수 있을 것입니다. 공부, 그것의 중심은 본질에 대한 깊은 이해입니다.

243

삶에서 중요한 것은 자신이 정한 기준이다

빙긋이 그것을 비웃는다.

猶然笑之 (유연소지)

송영자라는 사람은 달관한 인물이기 때문에 세상 사람들이 큰 성공을 거두어 기뻐하는 것을 보고서 그저 초연하게 웃고 있었습니다. 즉 세속적인 성공과 출세는 참된 자신과는 아무런 관계가 없다는 인생태도를 보인 것입니다. 그래서 그는 흔들리지 않고 살았던 것입니다. 삶에서 중요한 것은 성공과 실패라는 결과가 아니라 자신이 정한 기준이 옳으냐 그르냐에 있습니다. 스스로에게 물었을 때 정말 열심히 했다는 말을 할 수 있다면 그것이 바른 삶입니다. 여러분 자신의 가슴에 정직한 삶을 살면 세상의 눈을 떠나서 이미 성공한 것입니다.

244

노력은 삶의 모든 이치를 담고 있다

진실로 어느 날에 새로워졌다면,
나날이 새롭게 하며, 또 나날이 새롭게 하라.

苟日新 日日新 又日新(구일신 일일신 우일신)

인생은 매일 새로워지는 데 가치가 있습니다. 그럼, 어떻게 하면 새로워질 수 있을까요? 열심히 노력하면 됩니다. 끊임없이 노력하면 새로워집니다. 노력은 삶의 모든 이치를 담고 있습니다. 노력하면 어떤 깨달음을 얻을 수도 있습니다. 노력하면 그 속에서 거의 모든 것을 배울 수도 있습니다. 깊은 노력 속에서는 가능합니다. 여러분은 무엇을 하든 열심히 하세요. 그것이 꼭 공부일 필요는 없습니다. 무엇이 되었든 열심히 하세요. 아주 열심히 말입니다. 그러면 여러분은 틀림없이 달라집니다. 어떤 것에 미치면 그 끝에 미칠 수 있기 때문입니다. 매일 새로워지기 위해서는 노력 외에 다른 방법이 없습니다. 노력, 그것은 삶의 모든 것입니다.

245

자신에게 부끄럽지 않은 삶을 살면
인생은 반드시 변한다

그 최선의 방법을 쓰지 않는 것이 없다.

無所不用其極(무소불용기극)

사람은 무엇을 하더라도 열심히 해야 합니다. 즉 어떤 일을 하더라도 항상 지극한 정성을 쏟아부어야만 합니다. 하늘이 감동할 정도의 정성을 쏟아부어야 합니다. 그럴 때 어떤 변화가 나타납니다. 자신에게 부끄럽지 않은 삶을 살면 인생은 반드시 변합니다. 성공하게 되고, 나아가 다른 사람들에게 큰 도움을 줄 수 있는 삶을 살 수 있게 됩니다. 여러분, 무엇을 하든 항상 할 수 있는 한의 모든 노력을 쏟아부으세요. '정성'이라는 말에 책임을 질 수 있도록 하세요. 하늘을 우러러 부끄럽지 않을 정도로 노력하세요. 그러면 여러분은 달라질 수 있습니다. 앞으로 여러분이 살아가면서 인생을 완전히 바꿀 수 있는 기회는 여러 번 올 것입니다. 항상 정성을 다해 살아간다면 반드시 대성할 수 있다는 진실을 꼭 기억하세요!

246

혼자 있을 때 잘하는 자는 강한 사람이다

자신이 홀로 있을 때를 삼간다.

慎其獨也(신기독야)

🖋 사람은 정말 약합니다. 사악한 마음을 품기도 쉽고, 약해지기도 쉬우며, 흔들리기도 쉽습니다. 특히 혼자 있으면 자기 마음을 잘 관찰할 수 있는데, 그때 자신의 마음을 보면 세상 살기가 참 만만하지 않다는 것을 느끼게 됩니다. 진정으로 이 세상을 변화시키는 대장부가 되고 싶다면, 혼자 있을 때 스스로의 마음을 잘 다스려야 합니다. 남이 보든 안 보든 바르게 살아야 하는 것입니다. 누가 보든 안 보든 열심히 공부해야 하는 것입니다. 남이 보든 안 보든 바르게 살아야 하는 것입니다. 세상은 복잡하기 때문에 항상 옳은 것이 옳은 것은 아니지만, 원칙적으로는 바른 마음을 품고 살아야 합니다. 혼자 있을 때 흐트러지지 않고 치열하게 실천하고, 마음을 풀지 않고 나아가야 합니다. 그럴 수 있는 자가 최고의 강자입니다.

247

내 마음 속에는 천사도 있고 악마도 있다

소인은 한가하게 있을 때에 착하지 아니한 짓을 하여
이르지 못하는 것이 없다.

小人閒居爲不善 無所不至(소인한거위불선 무소부지)

누구에게나 연쇄 살인자와 같은 마음도 있습니다. 사
람은 본질적으로 누구나 다 같습니다. 내 마음 속에는 천사도
있고 악마도 있습니다. 그래서 혼자 있을 때 바름을 견지하도
록 의도적으로 노력해야 합니다. 그렇게 하지 않으면 금세 흐
트러질 수 있습니다. 그러면 추한 모습을 보이게 됩니다. 자기
밖에 모르고, 약한 사람은 무시하며, 보이지 않는다고 예의를
지키지 않게 되는 것입니다. 인터넷 악플도 같은 예이며, 인터
넷에서 충격적인 영상을 촬영해 업로드하는 것도 같은 맥락입
니다. 내 안에도 악마의 마음이 있습니다. 따라서 스스로 조심
하고, 또 조심해야 합니다. 그래야 바름에서 엇나가지 않을 수
있습니다. 삶은 겸손과 배려, 용서와 사랑을 기본으로 삼고 살
아가는 것입니다. 그런 삶을 살 때 진정한 대장부가 될 수 있습
니다.

248

어진 마음이 있으면 몸과 마음이 편해진다

부유함은 집을 윤택하게 하고, 덕은 몸을 윤택하게 한다.

富潤屋 德潤身(부윤옥 덕윤신)

덕, 즉 어진 마음이 있으면 몸과 마음이 편해집니다. 사람은 자기 자신의 이익을 위해 사는 순간, 옹졸해집니다. 남에게 인색해집니다. 자기만을 내세우게 됩니다. 그러면 남들도 등을 돌리게 됩니다. 세상에는 대인보다는 소인이 많습니다. 그래서 조금만 손해가 오면 대부분 등을 돌립니다. 그럼 대인은 어떻게 할까요? 그들 모두를 품는 사람입니다. 대인은 대인이건 소인이건 가리지 않습니다. 모두를 품습니다. 너무 자기 자신의 이익만을 내세우진 마세요. 타인을 배려하세요. 물론 이 말이 세상에 어리숙하게 당하라는 말은 아닙니다. 남이 잘못하고 있는데도 넘어가라는 이야기는 아닙니다. 그것은 순수한 것이 아니라 순진한 것입니다. 원칙적으로 남을 배려하는 순수한 마음을 가지라는 말입니다. 그렇게 살면 내 몸과 마음이 편하기 때문입니다

249

마음에 있지 않으면 내 것이 되지 않는다

마음에 있지 않으면 보아도 보이지 않으며,
들어도 들리지 않으며, 먹어도 그 맛을 알지 못한다.

心不在焉 視而不見 聽而不聞 食而不知其味
(심부재언 시이불견 청이불문 식이부지기미)

그것이 무엇이든 마음에 있지 않으면 내 것이 되지 않습니다. 이해도 되지 않습니다. 내 것으로 남지도 않습니다. 공부를 하더라도 건성으로 하면 효과는 없습니다. 억지로 해서는 안 되고, 내 마음을 담아서 해야만 성적에도 변화가 있습니다. 사람을 사귀는 일도 마찬가지입니다. 무거운 마음을 갖고 상대방을 대해야만 상대방이 반응합니다. 무거운 마음을 갖지 않으면 실수를 하기 때문에 내 사람이 되지 않습니다. 결국 세상의 모든 것은 마음이 있어야 하고, 마음가짐이 곧아야 하며, 마음의 집중이 필요합니다. 여러분은 무엇을 하든 진심을 담아서 하세요. 그것이 공부가 되었든, 연애가 되었든, 친구 관계가 되었든 말입니다. 그래야 통하니까요!

250

누구나 홀로서기를 해야만 한다

사람은 자기가 친하고 사랑하는 대상에 치우친다.

人之其所親愛而辟焉(인지기소친애이벽언)

부모 마음이라면 모두 같습니다. 내 자식이 최고로 예뻐 보이고 대단해 보이는 것입니다. 그러나 그렇기 때문에 공평함, 공정함을 잃기 쉽습니다. 여러분은 나중에 부모님 노움 없이 이 세상을 살아가야 합니다. 여러분은 부모님의 기대가 아니라 세상으로부터 얻는 평가로 살아가야 합니다. 따라서 여러분 스스로의 노력을 중시해야 합니다. 여러분의 실력을 무엇보다도 중시해야 합니다. 여러분은 결국 홀로서기를 해야만 하기 때문입니다. 여러분은 지금 무엇이 된다고 가늠할 수 없습니다. 여러분의 가능성은 무궁무진합니다. 그래서 열심히 해보아야 합니다. 나중에 나이가 들면 기회도 주어지지 않습니다. 지금 열심히 하세요. 그래서 여러분의 가능성을 극대화시키세요. 그래야 여러분의 힘으로 세상을 살아갈 수 있으니까요!

251

먼저 실천한 뒤 남에게 요구한다

자기 몸에 있은 뒤에 남에게 요구한다.

有諸己 而后求諸人 (유저기 이후구저인)

　　자기는 하지 않으면서 남에게 요구하면 사람들은 말을 듣지 않습니다. 그러나 먼저 솔선수범해서 실천한 뒤 요구하면 대체로 따릅니다. 군자는 자기가 실행한 후에 다른 사람에게 요구합니다. 그러나 소인은 자신은 하지 않으면서 남에게 요구합니다. 여러분이 리더로서의 삶을 살아가려면 매사에 솔선수범하는 일이 중요합니다. 그것이 리더십의 근원이기 때문입니다. 자신은 실행하지 않고 남에게 무언가를 요구하는 것만큼 우스운 것은 없습니다. 여러분은 그것이 무엇이 되었든 좋은 것이라면 솔선수범하도록 노력하세요! 그렇게 타의 모범이 되는 삶을 살아가도록 노력하세요! 평생을 그렇게 살아가면 언젠가는 세상의 리더가 되어 있을 것입니다.

252

나에게 싫은 것은 남에게도 싫은 것이다

윗사람에게서 싫었던 것을 가지고 아랫사람을 부리지 마라.

所惡於上 毋以使下(소오어상 무이사하)

큰인물은 자기에게 싫은 것, 하고 싶지 않은 것, 원하지 않는 것을 남에게 권하지 않습니다. 나에게 싫은 것은 남에게도 싫은 것입니다. 사람은 대부분 보편적이기 때문입니다. 그래서 다른 사람을 대할 때는 그것을 실행하기 전에 나에게 먼저 대입해보면 좋습니다. 상대방이 나에게 그렇게 하면 좋은지 나쁜지를 먼저 느껴본 후에 실행하는 것입니다. 그러면 대체로 상대방에 대한 예의를 지킬 수 있고, 마음을 얻을 수 있습니다. 세상은 내 마음대로 살아선 안 됩니다. 언제나 타인을 배려해야 합니다. 왜냐하면 세상은 타인과 함께 더불어 살아가는 곳이기 때문입니다. 타인으로부터 마음을 얻지 못하면 어떤 성공도 할 수 없고, 인생을 제대로 이끌고 나갈 수도 없습니다. 여러분은 상대를 대하기 전에 먼저 자신의 가슴에게 물어본 후 실행하세요.

253

천하의 주인이 되려면 어떻게 살아야 하는가

민중을 얻으면 나라를 얻고, 민중을 잃으면 나라를 잃는다.

得衆則得國 失衆則失國(득중즉득국 실중즉실국)

우리나라의 최고 권력자인 대통령, 우리나라의 최고 경제권자인 재벌이 되기 위해선 사람들의 마음을 얻어야 합니다. 천하의 마음을 얻으면 천하의 주인이 되고, 그들이 떠나면 천하의 주인자리도 내주어야 합니다. 그러면 어떻게 살아가면 천하의 주인이 될까요? 사람들이 원하는 것을 들어주면 됩니다. 그러면 그들은 호응합니다. 그러나 때에 따라서는 그들의 바람과 다르게 행동해야 할 수도 있습니다. 그렇게 하는 것이 더 바람직할 수도 있기 때문입니다. 진정 모두를 위해서 살아가는 삶을 살면 지구 최고의 삶을 살 수 있습니다. 모두를 위한 삶은 어렵지 않습니다. 내가 나를 위해서 열심히 살고, 다른 사람을 순수한 마음으로 위하면서 살아가면 됩니다.

덕이 있는 사람은 부자가 된다

덕이라는 것은 근본이고, 재물이라는 것은 말단이다.

德者本也 財者末也(덕자본야 재자말야)

덕이 깊은 사람은 부자가 되고 돈만 밝히는 사람은 가난해집니다. 이유는 무엇일까요? 덕이 있는 사람은 어진 사람입니다. 그래서 높은 수준의 감수성으로 다른 사람의 아픔을 내 아픔처럼 깊이 느낍니다. 그래서 어떤 필요가 있는지를 정확히 찾아내고, 그 필요를 충족해 부를 만들어냅니다. 그들은 마음이 열려 있습니다. 남에게 무언가를 주는 것을 아쉬워하지 않기 때문에 사람들이 모입니다. 사람이 모인다는 것은 기회를 의미합니다. 모든 것은 사람을 통해서 이루어지고, 사람의 행동에서 모든 것이 결정되기 때문입니다. 덕 있는 사람은 사람들 덕분에 성공으로 나아갑니다. 그러나 돈만 밝히는 사람은 인색함과 옹졸함으로 다른 사람의 아픔을 정확히 보지 못하고, 사람들을 떠나보냄으로써 기회를 놓치고 맙니다. 덕은 부를 만들어내지만, 돈만으로는 안 되는 것입니다.

255

착한 사람이 성공한다

착한 사람을 보배로 삼는다.

善以爲寶(선이위보)

착한 사람, 믿을 수 있는 사람이라는 신뢰를 확고하게 쌓는다면 어떤 일을 하더라도 성공할 수 있습니다. 그러나 아무리 능력이 있더라도 믿을 수 없는 사람, 얍삽한 사람, 생각이 좁은 사람이라는 평가를 듣는다면 성장에는 한계가 있습니다. 사람은 근본적으로 선량해야 합니다. 어떤 일을 하더라도 믿음을 주어야 합니다. 믿음을 주고 못 주고는 중요한 차이를 만들어냅니다. 실수를 대수롭게 여겨선 안 됩니다. 작은 것으로 운명이 달라질 수도 있기 때문입니다. 특히 인간적인 신뢰를 저버리는 실수는 주의해야 합니다. 어떠한 경우에도 마땅히 인간이 가야 할 길을 잊어선 안 됩니다. 그 길을 잊는 순간, 성공은 물론 내 삶의 존재이유마저도 사라지기 때문입니다.

256

겸손해야 실패하지 않는다

충성과 신의로써 얻고, 교만함과 방자함으로써 잃는다.

忠信以得之 驕泰以失之 (충신이득지 교태이실지)

사람은 열심히 해서 성공합니다. 그러나 성공한 이후 교만함으로써 다시 실패합니다. 사람은 교만하고 방자해선 안 됩니다. 자신을 가지되 겸손해야 하며, 용기를 가지되 만용을 부려선 안 되며, 열정을 지니되 혈기로 표현하지 않도록 해야 합니다. '가득 차되 넘치지 않음'은 우리 모두에게 필요한 덕목입니다. 언제나 이 점을 명심해야 합니다. 자기도 모르는 사이에 어느새 교만과 오만의 길을 걷고 있을 수도 있기 때문입니다. 열심히도 해야 하고 성공도 해야 하지만, 언제나 몸과 마음 모두에 겸손함을 잃지 않는 것 또한 너무나 중요합니다.

257

대기업의 골목상권 진출은 소인배 짓거리다

사두마차를 끄는 말을 기르는 자는 닭과 돼지에게서
그 기르는 법을 살피지 않고, 얼음을 쓰는 집안은 소와 양을 기르지 않는다.

畜馬乘 不察於鷄豚 伐氷之家 不畜牛羊 (축마승 불찰어계돈 벌빙지가 불축우양)

대부(大夫)의 지위에 있는 사람은 사두마차를 끄는 말을 소유하는 하층 백성들과 이익을 다투어 닭이나 돼지의 수를 세는 것과 같은 자잘한 짓을 해서는 안 됩니다. 또한 경대부 지위에 있는 사람은 충분한 봉급을 받고 있으므로 소와 양을 길러서 하층 백성들의 이익과 다투는 행위를 해서는 안 됩니다. 이것은 요즘도 마찬가지입니다. 요즘 대기업의 골목상권 진출이 있는데, 그것은 소인배 짓거리입니다. 재산이 많은 사람이 서민들이 하는 일과 경쟁을 벌이는 자잘한 짓을 하는 것은 있을 수 없는 일입니다. 우리 사회는 다시 공자에게 인간의 길을 물어보아야 합니다.

다섯

중용

남에게 대접받고 싶은 대로 대접하라

258

결과에 일희일비하지 않고 나의 길을 간다

세상에 은둔해서 인정받지 못해도 후회하지 않으니,
오직 성인만이 할 수 있는 일이다.

遁世不見知而不悔 唯聖者能之(둔세불견지이불회 유성자능지)

지금 우리 시대 사람들은 대부분 성공을 구하고 있습니다. 성공하지 않으려는 사람은 없습니다. 그러나 성공하기 위해 쫓기는 모습을 보이고 있고, 진정으로 삶에서 무엇이 중요한지는 잊고 있는 것처럼 보입니다. 성공에 지나치게 목을 매지 마세요. 결과에 연연하지 말고 여러분이 하는 일에 최선을 다하세요. 지금은 공부가 본업이니 공부에 최선을 다하세요. 그리고 결과에 연연하지 마세요. 그리고 나중에도 결과에 연연하지 말고 그냥 여러분의 길을 걸어가세요. 그렇게 30년 이상 걸어가세요. 단, 최선을 다하세요. 그러면 여러분은 반드시 성공할 수 있습니다. 평생 동안 지속한 노력은 배반하지 않기 때문입니다. 그러면 여러분은 행복할 수 있습니다. 결과에 일희일비한 삶을 살지 않았기 때문입니다. 여러분은 오직 여러분의 길을 열심히 걸어만 가면 됩니다.

259

남에게 대접받고 싶은 대로 대접하라

도끼자루를 베네, 도끼자루를 베네, 그 법이 멀리 있지 않네.

伐柯伐柯 其則不遠(벌가벌가 기칙불원)

도끼자루를 쓰기 위해서 나무를 베는 사람은 어느 정도의 굵기로 베어야 할지를 생각하며 망설입니다. 그러나 자신이 지금 쥐고 있는 도끼를 기준으로 삼아서 베면 됩니다. 사람을 다스리려는 사람도 어떤 기준으로 사람을 다스려야 할까를 고민합니다. 그러나 자기 자신도 사람이라는 것을 알고 자기 자신을 표준으로 삼아서 타인을 대하면 됩니다. 즉 남이 자신을 어떻게 대하면 좋을지를 생각해보면 답은 알 수 있습니다. 그래서 남을 대하는 원칙은 멀리 있지 않습니다. 바로 내 안에 있습니다. "남에게 대접받고 싶은 대로 대접하라!" 이 말을 기억하면서 남을 대하면 언제나 상대의 마음을 얻을 수 있을 것입니다.

260

성인의 삶은 멀리 있지 않다

일상적인 떳떳한 덕을 행하며, 일상적인 떳떳한 말을 삼간다.

庸德之行 庸言之謹(용덕지행 용언지근)

일상생활에서 평범한 덕을 행하고 평범한 말을 조심하는 것이 성인의 삶입니다. 성인의 삶을 실천하는 것은 우리 모두가 지금 당장 실천할 수 있는 것입니다. 그것은 멀리 있지 않습니다. 산속에 있지 않고, 우리의 집과 여러분의 교실과 버스와 지하철 속에 있는 것입니다. 그래서 매일 만나는 사람들을 배려하고, 말을 조심해서 하는 것이 바로 인(仁)의 실천입니다. 교통법규를 지키고, 지하철에서 웃어른께 자리를 양보하고, 선생님께 공손하고, 친구 간의 신의를 지키는 것이 성인의 삶입니다. 이미 성인의 삶은 유치원 때 다 배운 것입니다. 중요한 것은 실천입니다. 누구나 알고 있는 것을 실천하는 것에서 성인의 삶은 시작됩니다.

261

오늘을 빛나게 보내야만
찬란한 내일을 맞을 수 있다

먼 곳을 가려면 반드시 가까운 곳에서 출발해야 한다.

行遠必自邇(행원필자이)

여러분에게는 큰 꿈이 있을 것입니다. 예를 들어 대통령이 되고 싶기도 할 것이고, 노벨상을 받고 싶기도 할 것이며, 사업가가 되고 싶기도 할 것입니다. 그렇다면 어떻게 해야 할까요? 오늘 열심히 생활해야 합니다. 꿈을 이루고 싶다면 오늘의 실천을 착실하게 해야 합니다. 고교시절을 착실히 보내야 명문대에 입학합니다. 명문대에서도 착실히 공부해야 좋은 직장에 취업할 수 있습니다. 좋은 직장에 들어가서도 착실히 일해야 임원이 될 수 있습니다. 임원이 되어도 착실히 일해야 또 다른 기회를 맞을 수 있습니다. 그 후에도 마찬가지입니다. 하루하루 열심히 살아야만 빛나는 내일을 맞을 수 있습니다. 오늘은 초라하고 보잘것없어 보일 수도 있습니다. 그러나 그런 오늘을 빛나게 보내야만 찬란한 내일을 맞이할 수 있는 것입니다.

262

정성이 정답이다

천하와 국가를 다스리는 데는 아홉 가지 원칙이 있으나
이것을 행하는 것은 하나이다.

爲天下國家有九經 所以行之者一也(위천하국가유구경 소이행지자일야)

천하와 국가를 다스리는 데는 아홉 가지 원칙이 있습니다. 첫째는 몸을 수양하는 것입니다. 둘째는 어진 사람을 존경하는 것입니다. 셋째는 친척과 친하게 지내는 것입니다. 넷째는 고위관료들을 공경하는 것입니다. 다섯째는 여러 신하들을 자기 몸처럼 아끼는 것입니다. 여섯째는 국민을 자식처럼 여기는 것입니다. 일곱째는 과학기술자들을 오게 하는 것입니다. 여덟째는 먼 지방 사람들을 따뜻하게 대해주는 것입니다. 아홉째는 제후들을 품어주는 것입니다. 그러나 이것들을 성취할 수 있도록 만드는 근본 원칙은 하나입니다. 그것은 바로 인간의 정성(誠)입니다. 이 모든 일에는 진심어린 정성이 필요합니다. 정성은 천하와 국가를 다스리는 근본인 동시에 한 인간이 올바른 삶을 살아가는 근본입니다. 정성, 그것이 정답입니다.

263

인생은 다음을 준비하는 것이다

모든 일은 미리 준비하면 이루어지고 미리 준비하지 않으면 어그러진다.

事豫則立 不豫則廢(사예즉립 불예즉폐)

인생은 준비입니다. 항상 다음을 준비하는 것이 삶인 것입니다. 여러분처럼 학교를 다닐 때는 열심히 공부해야 합니다. 그것이 다음을 준비하는 것이기 때문입니다. 최소한의 공부는 해야만 기초소양이 갖추어집니다. 대학에 가서도 열심히 공부해야 하는 것은 다음을 대비하기 위함입니다. 모든 일은 미리미리 대비해야 하는데, 그것은 직장생활에서도 사업에서도 마찬가지입니다. 어떤 일이 터지면 이미 늦습니다. 항상 그것이 일어나기 전부터 준비를 철저히 하고 있어야 합니다. 여러분은 지금 열심히 공부하는 것이 준비입니다. 여러분이 지금 시간을 어떻게 보내느냐에 따라 여러분의 미래는 달라질 것입니다.

264

남보다 능력이 떨어지면 더 열심히 하면 된다

남이 한 번에 할 수 있으면 나는 백 번을 하며,
남이 열 번에 할 수 있으면 나는 천 번을 해야 한다.

人一能之 己百之 人十能之 己千之(인일능지 기백지 인십능지 기천지)

내가 남보다 능력이 떨어진다면 어떻게 해야 할까요? 더 열심히 하는 수밖에 없습니다. 남이 한 번 볼 때 나는 세 번 보아야 합니다. 고승덕 변호사는 고시 3관왕으로 유명합니다. 그는 굉장한 노력파입니다. 고시 공부하는 동안 하루 17시간을 공부했고, 변호사 생활을 할 때도 17시간 일을 원칙으로 삼으며 생활했습니다. 그것도 매우 집중해서 했습니다. 노력하면 반드시 승리할 수 있습니다. 지금 당장은 효과가 나타나지 않더라도 6개월 내에 나타납니다. 또 1년이 지나면, 5년이 지나면, 10년이 지나면 나타납니다. 늦어도 20년이 지나면 나타납니다. 여러분은 남들보다 더 노력하는 것을 원칙으로 삼아야 합니다. 그것이 정당한 대가를 얻을 수 있는 길이고, 자기 자신에게도 떳떳한 길이며, 무엇보다도 보람 있는 길이니까요.

265

스스로 돌이켜볼 때
어떤 후회도 들지 않아야 한다

지극한 정성은 신과 같다.

至誠如神(지성여신)

지극한 정성은 신과 같은 힘을 냅니다. 정성, 이 말은 모든 것을 가능하게 만드는 말입니다. 아무리 머리가 좋지 않더라도 하루에 1000분씩 6개월만 공부하면 성적은 크게 달라집니다. 인생의 정답은 정성을 다할 때는 반드시 나타납니다. 절실한 자는 반드시 이깁니다. 여러분, 꿈이 있나요? 그러면 정성을 다 쏟아부어보세요. 그러면 반드시 달라지니까요. 무엇이든 얻고자 한다면 정성을 다해야 합니다. 정성의 기준은 높습니다. 정말로 열심히 해야만 합니다. 스스로를 돌이켜볼 때 어떤 후회도 들지 않아야 합니다. 여러분, 지금 이 순간을 열심히 보내세요. 그러면 인생은 달라집니다. 진정으로 열심히 하면 신도 여러분을 기꺼이 도와줄 것입니다.

266

혼자 있을 때 바른 마음을 가지는 것이 중요하다

속으로 살펴보아도 잘못됨이 없어서 마음에 악한 것이 없다.

內省不疚 無惡於志(내성불구 무악어지)

자신의 마음을 반성적으로 살펴서 부끄러운 마음이 들지 않는 것, 그 마음이 최상입니다. 또한 자신의 마음이 나쁜 생각을 하지 않는 것, 그 마음이 군자입니다. 말과 행동은 마음이 결정합니다. 마음이 그릇되면 올바른 말과 행동을 할 수 없습니다. 그것은 표리부동한 것이고, 자신을 속이는 것입니다. 언젠가는 본심이 드러날 것입니다. 그래서 문제가 발생할 것입니다. 사람은 혼자 있을 때 바른 마음을 가지는 것이 중요합니다. 그래서 그 마음에서 나오는 자연스러움으로 말과 행동을 하는 것이 중요합니다. 그렇게 몸과 마음을 다스리는 삶, 자신을 속이지 않는 삶, 언제나 바른 삶, 우리 모두는 그런 삶을 살아가야 합니다.

267

신뢰는 마음가짐과 행동으로 결정된다

움직이지 않아도 공경받으며, 말을 하지 않아도 신용을 얻는다.

不動而敬 不言而信(불동이경 불언이신)

군자는 말하지 않아도, 행동하지 않아도 사람들로부터 신용을 얻습니다. 그것은 마음이 성실해 믿을 수 있기 때문입니다. 또, 평소에 믿을 수 있는 행동을 했기 때문입니다. 그러나 믿을 수 없는 사람에게서는 좋지 않은 기운이 느껴집니다. 그것은 평소에 그의 말과 행동이 틀렸기 때문입니다. 사람은 어떠한 경우에도 예의를 지켜야 합니다. 항상 여지는 남겨두어야 합니다. 그래야 다음이 있기 때문입니다. 신뢰는 말과 행동에서 나오고, 그것은 평소의 마음가짐에서 나옵니다. 신뢰를 크게 깨뜨린 사람은 다시는 신뢰를 얻기 힘듭니다. 신뢰란 평소의 말과 행동에서 결정되며, 그것은 예의를 지키고 극단적인 말과 행동을 하지 않는 것에서 나옵니다.

여섯

시경
따뜻하고 또 따뜻한
사람이 되어야

268

때와 경우에 따라서 다르게 행동해야 한다

그 깊은 데 나아가서는 뗏목을 타며 배를 탔고,
그 얕은 데 나아가서는 자맥질하고 헤엄도 쳤다.

就其深矣 方之舟之 就其淺矣 泳之游之(취기심의 방지주지 취기천의 영지류지)

강물이 깊으면 배를 타는 것이 좋습니다. 그러나 강물이 얕으면 자맥질을 하거나 헤엄을 쳐서 건너는 것이 좋습니다. 즉 시대 상황에 따라서 다르게 행동하는 것이 필요합니다. 또 때와 경우에 따라서 다르게 행동하는 것이 필요합니다. 언제나 같은 법칙이란 없기 때문입니다. 그래서 사람은 언제나 변화할 수 있어야 합니다. 군자는 대로(大路)로 가야 하지만, 필요할 때에는 지름길로도 갈 수 있어야 합니다. 형법을 지켜야 하지만, 때에 따라 정당방위 같은 행동도 필요합니다. 사람관계도 사이좋게 지내야 하지만, 때로는 다툼과 결별도 필요합니다. 상황이 바뀌면 모든 것은 바뀌는 것입니다. 달라질 줄 아는 것이 지혜입니다.

269

예의를 지켜야 한다

쥐를 보아도 가죽이 있는데, 사람으로서 예의가 없을 수 있는가.

相鼠有皮 人而無儀(상서유피 인이무의)

인간에게 예의가 없다는 것은 치명적입니다. 예의 없는 말은 다음 만남을 기약하지 않겠다는 의사를 표현하는 것입니다. 예의를 안 지키면 내 곁에는 사람이 남아 있질 않게 됩니다. 무례한 말과 행동을 참는 사람은 아무도 없기 때문입니다. 싫으면 상대를 하지 않게 됩니다. 사람을 대할 때는 언제나 예의를 지켜야 합니다. 아무리 화가 나더라도 예의를 지켜야 다음이 있습니다. 극단적인 말과 행동만은 절대로 하지 말아야 합니다. 예의는 삶의 기본이고, 이 삶의 기본을 지키는 사람만이 물처럼 순조로운 삶을 살아갈 수 있습니다.

270

악한 사람이 잘살고 착한 사람이 못사는 경우도 있다

토끼는 느릿느릿한데, 꿩이 그물에 걸렸구나.

有兔爰爰 雉離于羅(유토원원 치리우라)

이 말은 교활한 토끼는 한가롭게 인생을 즐기고 있는데 정직한 꿩은 덫에 걸렸음을 나타내며, 나쁜 사람은 제멋대로 설치면서 잘살고 올바른 사람은 죄에 빠져 있는 상황을 나타냅니다. 이 세상을 보면 약삭빠르고 남을 등치려는 자세로 사는 사람이 오히려 잘사는 경우도 있습니다. 그 사람은 세상을 '만인에 대한 만인의 투쟁'으로 정의하고, 오직 경쟁에서 이기는 것만을 절대적인 이데올로기로 여기며 살아갑니다. 반면 올바른 사람은 올바름을 최상의 목표로 여기며 살아갑니다. 그런데 악한 사람은 잘살고 착한 사람은 못 사는 것입니다. 올바른 사람이 악한 사람에게 당하지 않고, 악한 사람이 악행을 하고도 잘사는 사회를 막기 위해서 우리는 더 열심히 공부해야 합니다. 진정한 덕은 실력이 있을 때 확고하게 실천할 수 있는 것이기도 합니다. 우리는 수양으로 보다 강해져야 합니다.

271

부모님을 생각하면 대충 살 수는 없을 것이다

저 민둥산에 올라가서 아버지를 바라보노라.

陟彼岵兮 瞻望父兮 (척피호혜 첨망부혜)

아버지가 대단한 분이든 그렇지 않든 아버지는 내게 소중합니다. 아버지가 없으면 나는 태어나지도 않았을 것입니다. 그런 아버지를 생각하면 대충 살 수는 없는 것입니다. 어떤 어려움이 있더라도 이겨내야 합니다. 삶의 어려움이 있다면 부모님을 진심으로 생각해보세요. 그러면 어떤 경우에도 포기할 수 없다는 것을 깨닫게 될 것입니다. 분명 삶은 힘듭니다. 여러분도 힘든 경험들이 많을 것입니다. 청소년기는 공부, 친구관계, 사랑 등으로 고민이 많을 때입니다. 저도 그때는 하루빨리 청소년기를 탈출하고 싶었지만 지나보니 그때가 정말 좋았다는 걸 느끼고 있습니다. 힘들 때는 부모님을 생각하세요. 그리고 모든 싸움을 이겨내세요. 여러분은 할 수 있습니다. 누구든 부모님을 생각하는 순간 초인이 되니까요!

272

부모님 다음으로는 형제간이다

죽어서 초상을 지내는 두려움 앞에서 형제가 몹시 그립다.

死喪之威 兄弟孔懷(사상지위 형제공회)

큰 어려움에 처하게 되면, 진심으로 나를 걱정해주는 사람은 부모님 다음으로는 형제입니다. 아무래도 핏줄이기 때문에 가장 가깝습니다. 형제간에는 잘 지내야 합니다. 시금은 잘 모르지만, 나이가 들면 가장 의지하게 되는 상대가 형제입니다. 부모님이 살아 계실 때는 부모님이 가장 큰 의지가 되지만, 부모님이 돌아가시고 나면 그다음은 형제입니다. 10대인 지금부터 형제(자매)끼리 잘 지내세요. 그리고 평생을 사이좋게 지내려고 노력하세요. 그러면 그(녀)는 세상의 소나기로부터 나를 지키는 든든한 방어막이 될 테니까요.

273

큰인물이 되면 사람이 모인다

넘실넘실 흐르는 저 물이여, 바다로 흘러들어 가는구나.

沔彼流水 朝宗于海(면피류수 조종우해)

물은 모두 바다로 모입니다. 사람도 마찬가지입니다. 내가 모든 사람들의 존경을 받으면 내게 모든 사람들이 모입니다. 바다로 물이 모이듯 큰인물에게 사람이 모이기 때문입니다. 그래서 지금 여러분은 실력을 쌓아야 합니다. 실력을 쌓고, 한 분야에서 업적을 쌓고, 사회를 긍정적으로 크게 변화시키면 여러분 주변에는 사람들이 모입니다. 여러분은 지금 친구들을 만나서 시간을 보내는 데 관심 가져선 안 됩니다. 그리고 모든 친구의 부탁을 들어주는 착한 친구가 되어선 안 됩니다. 즉 만나서 놀자는 부탁을 다 들어주면 안 됩니다. 그런 것은 거절하고 철저하게 실력을 쌓아야 합니다. 그래서 세상의 중심으로 우뚝 솟아올라야 합니다. 물론 그 중심에는 사랑이 있어야 합니다. 여러분이 큰인물이 되면 모두가 모이게 되어 있습니다.

274

큰인물의 행동은 모든 사람들이
주의 깊게 살펴보고 있다

우뚝한 저 남산이여, 바윗돌이 차곡차곡 쌓여 있도다.
빛나고 빛나는 태사인 윤씨여, 백성들이 모두 당신을 우러러보오.

節彼南山 維石巖巖 赫赫師尹 民具爾瞻(절피남산 유석암암 혁혁사윤 민구이첨)

높은 산의 기암절벽은 누구나 아래에서 볼 수 있습니다. 마찬가지로 큰인물의 행동은 누구나 볼 수 있습니다. 실제로 큰인물의 행동은 모든 사람들이 주의 깊게 살펴보고 있습니다. 그래서 높은 지위에 있는 사람은 행동을 조심해야 합니다. 말과 행동을 삼가야 하고, 항상 두 번 생각해서 움직여야 합니다. 모두가 지켜보고 있고, 그의 행동이 모두에게 큰 영향을 미치기 때문입니다. 여러분도 마찬가지입니다. 여러분에게도 포부가 있다면 부모님, 선생님, 친구들 모두가 여러분을 지켜보고 있다는 것을 명심하세요. 그래서 항상 말과 행동에 신중하세요. 여러분이 항상 신중하고 책임감 있는 삶을 살아간다면, 여러분은 지금뿐만 아니라 이후에도 우리 시대 많은 사람들에게 긍정적인 영향을 미칠 수 있을 것입니다.

275

자신의 삶은 자신이 결정해야 한다

저 집을 지으면서 길 가는 사람과 상의하는 것과 같다.

如彼築室于道謀(여피축실우도모)

집을 짓는 것은 본인입니다. 길 가는 사람은 잠시 옆을 스쳐가는 사람입니다. 그 사람이 어떤 이야기를 하더라도 집을 짓고 있는 본인보다 깊은 관심을 갖고 있지는 않습니다. 또 잘 모릅니다. 그래서 시시한 사람들의 말은 무시할 필요가 있습니다. 인생도 마찬가지입니다. 자신의 삶은 자신이 결정하는 것입니다. 누가 뭐라고 조언하더라도 그것은 외야(外野)에서의 이야기일 뿐입니다. 누구보다도 자신이 자신을 가장 잘 알고 있기에 자신이 삶의 모든 책임을 져야만 합니다. 그래서 남들 말에 지나치게 흔들려서는 안 됩니다. 조금 참고만 하면 됩니다. 인생의 99퍼센트는 자신이 결정해야 하며, 자신의 믿음으로 가야 하는 것입니다.

276

명문대에 입학하지 않더라도
얼마든지 성공할 수 있다

그 하나만 알고 기타의 것은 모른다.

知其一 莫知其他(지기일 막지기타)

사람들은 세상의 반만 알고 나머지 반은 잘 모릅니다. 주목하지도 않습니다. 대학도 마찬가지입니다. 명문대에 진학하지 않고도 얼마든지 성공할 수 있습니다. 얼마든지 자신만의 세계를 구축할 수 있습니다. 그것이 여러분이 알아야 할 진실의 절반입니다. 나름대로 괜찮은 대학에 진학하는 비율은 5퍼센트 내이며, 나머지 95퍼센트는 그렇지 못합니다. 그러나 앞으로 살아가면서 끊임없이 역전이 이루어지고, 또 재역전이 이루어집니다. 평생 동안 열심히 사는 사람이 가장 위대한 사람이 됩니다. 명문대를 진학해도 성공하지 못하는 사람의 비율은 최소한 50퍼센트 이상입니다. 여러분은 입시공부에 최선을 다하되, 다른 길로도 얼마든지 성공할 수 있으며, 설사 명문대에 입학하더라도 그것으로 모든 것이 결정되지 않는다는 점을 명심하세요.

277

동물의 세계를 보자

두려워하고 조심조심하여, 깊은 연못에 임하듯이 하며,
살얼음을 밟는 듯이 하도다.

戰戰兢兢 如臨深淵 如履薄氷 (전전긍긍 여림심연 여리박빙)

여러분, 동물의 세계를 보세요. 그들은 잠시만 방심해도 생명을 잃는 참변을 당합니다. 그럼 우리 인간은 어떨까요? 우리 인간도 본질적으로는 같습니다. 우리 인간도 자연계라는 거대한 테두리 내에서 살고 있기 때문입니다. 사람은 곧바로 죽지는 않지만, 생존에 치명적인 손실을 입게 됩니다. 보이스피싱을 당해 1억 원 이상을 잃게 되면, 그것을 갚는 데 어쩌면 10년이 걸릴 수도 있습니다. 물론 그동안 노동에 혹사를 당하게 됩니다. 공부든, 사랑이든, 비즈니스 관계든 무엇이든 간에 방심은 절대금물입니다. 이 세상은 여러분을 도와주기 위해 존재하는 곳이 아닙니다. 스스로의 생존을 위해 냉혹한 경쟁을 벌이고 있습니다. 그 속에서의 비정함은 어쩌면 당연한 것일 수도 있습니다. 여러분, 언제나 긴장하며 열심히 살아야 합니다. 자연계의 속성 자체가 그러하기 때문입니다.

278

부모님보다 소중한 사람은 없다

우러러볼 사람이 아버지 아님이 없으며,
의지할 사람이 어머니 아님이 없도다.

靡瞻匪父 靡依匪母(미첨비부 미의비모)

부모님보다 소중한 사람은 없습니다. 만약 지금 부모님이 없다면 여러분이 어떻게 공부할 수 있겠습니까? 부모님은 공기나 물처럼 그렇게 느껴질 수도 있습니다. 공기나 물은 없으면 곧바로 죽을 수밖에 없는데, 너무 흔하기 때문에 소중함을 모르고 있습니다. 여러분은 지금 부모님을 그렇게 느끼고 있을 수도 있습니다. 부모님께 잘 대해드리세요. 말이라도 공손하게 하고, 안마도 해드리고, 열심히 공부하세요! 언제까지 함께할 수 있는 존재가 아니기 때문입니다. 부모님이 떠나고 나서 제사를 잘 지내는 것은 의미가 없습니다. 지금 잘하세요. 지금 함께 먹는 삼겹살이 돌아가시고 나서 차려드리는 거창한 제사상보다 100배 낫습니다. 언제까지나 부모님을 내 안에 품고 살면 부모님도 나를 도와줄 것이고, 나도 바른 삶을 살아갈 수 있습니다.

279

사람은 언제나 인정을 잃지 말아야 한다

저 사람에게로 달려온 토끼를 보고,
오히려 간혹 토끼를 먼저 탈출시켜주기도 한다.

相彼投菟 尙或先之(상피투토 상혹선지)

　　토끼를 사냥하다가도 토끼가 와서 구원을 청한다면, 잡지 말아야 합니다. 그 토끼를 우선 빨리 도망시켜주는 것이 인정입니다. 사람도 마찬가지입니다. 궁지에 몰린 사람이 부탁해올 경우에는 들어주는 것이 인정입니다. 또 사람을 궁지로 몰지 않는 것이 인정입니다. 사람은 언제나 인정을 잃지 말고 살아야 합니다. 박정(薄情)한 것은 사람이기를 포기한 것입니다. 그것은 짐승의 삶입니다. 그런 사람은 당장 동물원으로 보내야 합니다. 인정이 없는 사람은 결국 모든 사람에게 외면받게 되어 있습니다. 우리는 어려운 사람을 도와줘야 합니다. 절대로 사람을 궁지로 몰아선 안 되고, 궁지에 몰린 사람을 외면해서도 안 됩니다. 그것이 인간이 가야 할 길입니다. 사람은 언제까지나 사람으로 남아 있어야 하는 것입니다.

280

이 세상에 공짜는 없다

도적의 말이 매우 달콤하므로 난리가 이 때문에 더해진다.

盜言孔甘 亂是用餤(도언공감 난시용담)

이 세상에 공짜는 없습니다. 그래서 달콤한 것은 일단은 의심해보아야 합니다. 사기일 가능성이 짙기 때문입니다. 좋은 것이라면 자신이 가지지, 쉽게 내주지 않기 때문입니다. 친척도 잘 도와주지 않는 세상인데, 남이 달콤한 제안을 했다면 냉철하게 따져보아야 합니다. 여러분은 삶 자체를 피곤하게 살아간다고 생각하세요. 즉 남들보다 훨씬 많이 노력한다고 생각하고 살아가세요. 그렇게 하지 않으면 남보다 많이 얻을 수 없고, 나아가 남과 똑같이 얻을 수도 없습니다. 내가 남보다 객관적인 능력이 떨어질 수도 있기 때문입니다. 누군가 달콤한 말을 한다면 나의 실력을 냉철하게 돌아보세요. 그런 뒤에 남의 말을 받아들이세요. 이 세상에는 절대로 공짜가 없고, 모든 것은 내가 한 만큼 받는 것이 절대 진리입니다.

281

배제대상 1순위

교활한 말이 생황같이 유창한 것은 얼굴이 두꺼운 것이다.

巧言如簧 顔之厚矣(교언여황 안지후의)

심한 말을 아무런 거리낌 없이 하는 사람은 멀리해야 합니다. 남에게 심하게 대할 수 있는 마음을 이미 품고 있기 때문입니다. 특히 평소에도 심한 말을 아무런 죄책감 없이 쉽게 한다면 더 주의해야 합니다. 그 사람은 사이코패스와 유사한 의식구조를 가지고 있기 때문입니다. 그래서 어떤 짓이든 할 수 있는 사람이기 때문입니다. 우리는 사람을 품어야 합니다. 그러나 함께 데리고 갈 수 없는 사람도 있습니다. 그런 사람은 배제해야 합니다. 올바르지 않은 사람을 포함해서 남에게 심한 말을 쉽게 하는 사람도 배제대상 1순위입니다. 그 사람은 이미 마음속 깊숙한 곳에 음흉함이 있기 때문에 무엇을 하든 믿을 수 없기 때문입니다.

282

멀리해야 할 사람은 누구인가

뻔뻔스러운 얼굴을 지니고서 사람을 대하는 것이 무슨 짓이건 저지른다.

有靦面目 視人罔極(유전면목 시인망극)

사람에게는 남에게 차마 나쁜 짓을 하지 못하는 마음이 있습니다. 보통 사람들은 남에게 안 좋은 말을 할 때에는 흔들리게 마련입니다. 마음도 불편하고 그 감정은 얼굴에도 드러납니다. 그러나 심한 말을 아무런 감정제어 없이 함부로 하는 사람들이 있습니다. 그런 사람은 세파 속에서 인간이 마땅히 지녀야 할 감정이 무뎌졌거나 성공을 위해서라면 물불을 가리지 않기로 작정한 경우입니다. 그런 사람은 위험합니다. 자신의 이익을 위해서는 어떤 짓이든 할 수 있기 때문입니다. 그런 사람은 멀리하는 것이 좋습니다. 인간에게는 따뜻한 인간의 심장이 있어야 합니다. 그 심장이 차갑게 식어 염치가 없고 뻔뻔한 사람은 멀리해야 합니다.

283

사람 사귐의 불변의 원칙은 인격이다

큰 수레를 붙잡고 가지 말지어다. 다만 먼지만 일어날 뿐이다.

無將大車 祇自塵兮(무장대거 지자진혜)

큰 수레를 뒤에서 밀면, 자신은 먼지만 뒤집어쓸 뿐입니다. 이 말은 소인배를 도와주면 반드시 자신도 화를 입게 된다는 뜻입니다. 사람은 사람을 잘 만나야 합니다. 무엇보다도 먼저 인간이 되어 있어야 합니다. 인간이 아니라면 상종을 해서는 안 됩니다. 결국 먼지와 오물만 뒤집어쓰게 될 것이기 때문입니다. 나를 이용만 하고 버릴 것이고, 자신의 입맛대로만 하려고 할 것입니다. 사람 사귐의 불변의 원칙은 '인격'입니다. 이익 여부가 아닙니다. 인격만이 신뢰를 형성하고, 신뢰가 있어야만 관계를 맺을 수 있기 때문입니다. 아무리 그가 능력이 있고 내게 큰 이익을 준다고 하더라도 기본적으로 믿을 수 없는 사람이라면 함께하면 안 됩니다. 반드시 배신할 것이기 때문입니다.

284

사람은 시대적 상황을 이길 수 없다

외뿔소도 아니며 호랑이도 아닌데, 저 빈 들을 따라가게 하는가.
불쌍하도다. 출정한 우리의 장부들은, 아침이나 저녁이나 한가하지 못하네.

匪兕匪虎 率彼曠野 哀我征夫 朝夕不暇 (비시비호 솔피광야 애아정부 조석불가)

춘추전국시대에 남자들은 군인으로 징집되었고 참
전했습니다. 그러나 그들이 전쟁을 원한 건 아닙니다. 국가 간
에 전쟁이 났기 때문에 의도치 않게 참전한 것이지 그들은 편
안하게 살고 싶었습니다. 그러나 시대적 상황이 허락되지 않
았기 때문에 군인이 되어 코뿔소도 아니고 호랑이도 아닌데
계속 행군을 해야만 했습니다. 사람은 시대적 상황을 이길 수
없습니다. 그 시대의 대세라는 것을 이길 수 없습니다. 그래서
그것을 존중하고 활용해야만 합니다. 현실적으로 거부할 수는
없기 때문입니다. 지금은 문(文)의 시대로 공부를 잘하는 사람
이 유리한 시대입니다. 공부를 열심히 하고 독서를 열심히 하
세요. 그런 다음, 또 다른 도전을 통해 새로운 길을 만드세요.
그것이 지금 우리 시대의 대세입니다.

285

되면 되는 대로, 안 되면 안 되는 대로
가면 되는 것이 삶이다

평화롭고 즐거우며 마음 편한 군자여, 복록을 구하는 것이
평화롭고 즐거우며 마음 편하게 하도다.

豈弟君子 干祿豈弟(개제군자 간록개제)

되면 되는 대로, 안 되면 안 되는 대로 가면 되는 것이
삶입니다. 평소에 열심히 살아가면 어떤 것도 걱정할 필요가
없습니다. 문제는 풀리게 마련이고, 풀리지 않으면 그냥 두면
되기 때문입니다. 이 세상은 내 마음대로 되지 않습니다. 내가
노력해도 마찬가지입니다. 그래서 어떤 것이든 노력은 하되
결과는 하늘의 뜻이라고 하며 내버려두어야 합니다. 그리고
항상 마음 편하게, 항상 만족하며 살아야 합니다. 지금 만족하
지 않을 일, 못할 일은 없으니까요. 어려움은 항상 있게 마련이
고, 누구에게나 있는 것입니다. 마음먹기 나름인 것입니다. 삶
은 열심히 살면 오늘을 평안하게 보낼 수 있고, 내일도 자연스
럽게 열리게 되어 있습니다. 오늘 만족하며 마음 편하게 일하
며 살아가는 사람은 모든 것이 행복입니다.

286

덕이 있는 사람은 모두를 자식들처럼 따뜻하게 품는다

서민들이 자식처럼 오다.

庶民子來(서민자래)

천민이 수단과 방법을 안 가려 부자가 되어도 그는 천상 천민입니다. 남은 안중에도 없고 오직 자기밖에 없기 때문입니다. 그는 부자가 되어도 박수는커녕 손가락질만 받습니다. 그래서 외롭게 혹은 숨어서 살아갑니다. 또 끼리끼리 비슷한 사람들이 모여서 놉니다. 모이는 사람들은 대체로 박정한 사람들로, 같은 부류입니다. 그러나 덕이 있는 사람 곁에는 많은 사람들이 모입니다. 뜻이 있는 자들부터 가난한 사람들까지 모두 모입니다. 그리고 덕이 있는 사람은 그들 모두를 자식들처럼 따뜻하게 품습니다. 절대 내치지 않습니다. 그러기에 그는 더욱 많은 사람들과 함께할 수 있습니다. 여러분은 덕이 있는 부자가 되어야 합니다. 그래서 여러분 존재로 말미암아 이 세상 모든 사람들이 웃을 수 있어야 합니다.

287

잘못된 것은 바로잡아야만 한다

말할 것은 말하며, 논란할 것은 논란하였다.

于時言言 于時語語 (우시언언 우시어어)

여러분은 좋은 사람이 되어야 합니다. 그러나 모든 것이 좋다고 말하는 순둥이가 되어서는 안 됩니다. 그래서는 어떤 일도 할 수 없습니다. 틀린 것은 틀리다고 말해야 합니다. 그리고 잘못된 것은 따지고 들어서 바로잡아야만 합니다. 물론 그 과정에서 격렬한 다툼이 있을 수도 있습니다만, 잘못된 것이라면 바로잡아야만 하는 것입니다. 갈등과 마찰이 두렵다고 피하면 올바름은 실현될 수 없습니다. 그래서 여러분은 매우 깐깐해야 합니다. 물론 그렇게 깐깐하면 상대방이 싫어할 수도 있습니다. 그러나 해야만 할 것은 해야만 합니다. 여러분이 만약 기업을 경영한다면 상대방에게 기밀을 누출시켜선 안됩니다. 또 거래를 하는 사람도 잘못된 행동을 한다면 바로잡아야만 합니다. 그것이 올바름이기 때문입니다.

288

말은 신중하게 해야 한다

문제가 될 만한 말을 함부로 하지 마라.

無易由言(무이유언)

말은 책임을 져야만 하는 것입니다. 그래서 신중하게 해야만 합니다. 그리고 문제가 될 만한 말은 하지 않는 편이 좋습니다. 사람의 일이란 어떻게 될지 모르기 때문입니다. 그러나 차분하게 생각해서 그 말에 대한 책임을 질 수 있다면, 하면 됩니다. 즉 몇 번이고 깊이 생각해본 후에 충분히 책임을 질 수 있다는 확신이 든다면 하면 됩니다. 그러나 그렇지 않고 감정적 혹은 즉흥적으로 말을 하면 안 됩니다. 반드시 후회하게 될 테니까요. 말 한 마디에 천 냥 빚도 갚을 수 있습니다. 언제나 신중히 말할 것을 생활화해야 합니다.

289

인간은 은혜를 갚음으로써 인간으로 나아간다

나에게 복숭아를 던져주니, 그에게 자두로 보답한다.

投我以桃 報之以李(투아이도 보지이리)

사람은 아무리 작은 은혜라도 그에 보답하지 않으면 안 됩니다. 그것이 인간이 가야 할 길이기 때문입니다. 도움을 받고도 은혜를 갚지 않는다면 대장부가 될 자격이 없습니다. 인간의 길은 어렵지 않습니다. 사람다움을 지키면 되는 것입니다. 그러나 도움 받은 것은 잊기 쉽습니다. 그래서 도움을 받은 일에 대해서는 언제나 스스로가 되새김질을 해야만 합니다. 그래야 은혜를 갚을 수 있습니다. 인간은 은혜를 갚음으로써 인간으로 나아갈 수 있습니다. 또 도움을 준 사람을 평생 잊지 않고 기억하는 것으로 인격의 성숙함을 이룰 수 있습니다. 여러분은 아무리 작은 도움이라도 잊지 않고 은혜를 갚는 것을 습관으로 만들어야 합니다.

290

공손과 예의는 인간관계의 원칙이다

따뜻하고 따뜻하게 공손한 사람이 덕의 기본이다.

溫溫恭人 維德之基(온온공인 유덕지기)

공손한 것은 덕의 기본입니다. 공손하면 관계의 80퍼센트는 큰 노력 없이도 만들어집니다. 그러나 공손하지 않으면 관계는 대부분 파괴됩니다. 특히 극단적인 말, 심한 말은 단한 번의 실수로도 관계를 완전히 파멸시킵니다. 사람은 공손함을 습관으로 들여야 합니다. 공손함을 잃지 않는 것이 관계를 이어갈 수 있게 합니다. 그러나 때에 따라서는 화를 낼 수도 있어야 하고, 정리해야 할 관계라면 정리할 수도 있어야 합니다. 법칙에는 예외가 있습니다. 따라서 예외적 경우에는 예외를 실천해야 합니다. 그러나 원칙적으로 사람은 공손해야 합니다. 공손과 예의는 인간관계의 원칙이자 습관이 되어야 합니다.

291

인간관계에 문제가 있다면 자신을 되돌아본다

저기에 있어도 미워하는 사람이 없으며,
여기에 있어도 싫어하는 사람이 없다.

在彼無惡 在此無斁(재피무오 재차무역)

다른 사람들이 나를 싫어한다면 상대방의 문제이기도 하지만 자신에게도 잘못은 있습니다. 그래서 항상 인간관계에 문제가 있을 때는 자신을 되돌아보아야 합니다. 인간관계는 주고받는 것이기에 상대의 잘못만은 아니기 때문입니다. 상대가 나를 싫어한다면 내가 상대방이 싫어하는 말을 했거나 싫어하는 행동을 했기 때문일 것입니다. 물론 그것이 상대방의 부족함 때문일 수도 있습니다. 그러나 먼저 자신을 되돌아보는 것이 대장부입니다. 그래서 실수를 발견한다면, 다음에는 주의를 기울여 문제가 있는 말과 행동을 반복하지 말아야 합니다. 관계에 문제가 있다면 먼저 자신을 되돌아보는 기회로 삼아야 합니다.

일곱

서경

더불어 사는 세상임을
명심하라

292

좋은 의견이라면 남의 의견을 따른다

자기를 버리고 남을 따른다.

舍己從人(사기종인)

🌿

　　좋은 의견이라면 자기 자신의 의견을 버리고 남의 의견을 따라야 합니다. 여러분이 성장하기 위해서는 늘 열려 있어야만 합니다. 언제든 자기 의견을 버릴 수 있어야 하기 때문입니다. 여러분 생각은 지금은 아직 명확하지 않습니다. 그러나 20대가 끝날 때쯤 되면 모든 것에 대해서 생각이 어느 정도는 정해집니다. 그러나 계속 발전하기 위해서는 죽을 때까지 어떤 틀에 생각을 가두지 말아야 합니다. 그래서 나이가 50세, 60세가 되어도 좋은 의견이라면 기꺼이 따를 수 있어야 합니다. 즉 생각이 유연하고, 지금까지 자신이 믿은 것이 모든 것이 아님을 겸허히 인정할 수 있어야 합니다. 그래야만 계속 발전할 수 있습니다.

293

모두가 살기 좋은 사회가 되어야 한다

하소연할 곳 없는 자들을 학대하지 않는다.

不虐無告(불학무고)

이 세상에는 어디에 하소연할 곳 없는 사람들이 있습니다. 대표적으로 홀아비와 과부, 고아, 자식이 없는 할아버지와 할머니들이 그렇습니다. 그들은 우리 사회가 각별히 보호해야만 합니다. 나아가 우리 사회는 사회적 약자에 대한 배려가 필요합니다. 사회는 모두가 함께 사는 곳으로, 내가 힘들 때 남에게 도움을 받을 수 있어야 하고, 남이 어려울 때 내가 남을 도울 수 있어서 모두가 안심하고 살 수 있는 곳이어야 합니다. 그러나 지금은 경쟁만이 너무 강조되고 있습니다. 또 패자(敗者)에 대한 배려가 적습니다. 앞으로는 변화해야 합니다. 그리고 우리 모두가 소소한 실천을 해나가야 합니다. 우리의 실천, 정치 변화가 결합되면 약자뿐 아니라 우리 모두가 살기 좋은 세상이 될 것입니다.

294

장기적인 관점이 중요하다

올바른 도리를 어기면서까지 백성들의 칭찬을 구하지 마라.

罔違道以干百姓之譽(망위도이간백성지예)

국민의 칭찬을 듣기 위해 장기적인 비전을 버린 채 포퓰리즘 정책을 펴면 나라는 망합니다. 인간관계도 마찬가지입니다. 지금 당장 친구의 마음을 얻기 위해 거짓말을 하거나 잘못된 행동을 하는 것은 장기적으로 관계를 더욱 악화시킵니다. 그것은 부모님, 선생님, 연인에게도 똑같이 적용됩니다. 옳은 것은 달콤하지 않을 수도 있습니다. 지금 당장은 입에 쓴 약처럼 여겨질 수도 있습니다. 모든 사람과의 관계는 장기적인 관점에서 현재 행동을 결정해야 합니다. 현재의 달콤함이 아니라 조금 쓰더라도 바람직한 선택을 해야만 장기적으로 모두가 웃을 수 있습니다.

295

경제적으로 흔들리면 삶이 산산조각난다

온 나라가 곤궁에 빠진다면 하늘에서 받은 봉록이 영영 끊어질 것이다.

四海困窮 天祿永終(사해곤궁 천록영종)

온 나라 백성들 생활이 곤궁해지면 황제의 지위도 영원히 잃게 됩니다. 마찬가지로 기업도, 가정도 그렇습니다. 기업도 직원들 월급을 줄 수 없는 상황이 되면, CEO는 지위를 영원히 잃게 됩니다. 가정도 가족들을 먹여 살릴 수 없는 상황이 되면 가장의 지위는 유명무실해집니다. 여러분은 지금은 공부를 하고 있지만 대학을 졸업하면 경제생활을 할 것입니다. 그때에는 열심히 돈을 벌고 저축해야 합니다. 그래서 경제적으로 자리 잡아야 합니다. 경제적으로 흔들리면 삶이 산산조각나기 때문입니다. 국가, 기업, 가정 모두 경제가 중심이며, 개인의 삶도 80퍼센트 이상은 경제생활로 표현할 수 있습니다.

296

말 한 마디는 천 냥 빚을 갚는다

입은 우호관계를 만들어내기도 하고, 전쟁을 일으키기도 한다.

口出好 興戎(구출호 흥융)

말을 잘하면 친해집니다. 말 한 마디로 천 냥 빚을 갚는 것입니다. 그러나 말을 못하면 큰 다툼이 일어납니다. 심하면 원수가 되기도 합니다. 말 못하면 천 냥 빚을 얻습니다. 천 냥 빚을 갚을 수 있는데 못 갚기 때문입니다. 말은 무서운 것이고 파급력이 매우 큽니다. 따라서 말은 신중하게 해야 하고 적재적소에 적절한 말을 해야 합니다. 이때 말하는 재치도 필요하지만, 무엇보다도 마음의 신의성실이 중요합니다. 대화를 하다 보면 마음속에 있는 말이 자연스럽게 나오기 때문입니다. 그래서 말을 잘하기 위한 가장 좋은 기술은 마음을 바르게 가지는 것입니다. 그러면 누구보다 사람을 감동시키는 말을 할 수 있습니다. 말은 사람의 운명을 결정하고, 그 운명을 결정짓는 것은 평소의 마음가짐입니다.

297

홈런보다는 안타가 중요하다

날로 부지런하고 부지런하게 힘쓸 것을 생각한다.

思日孜孜(사일자자)

삶을 가장 잘사는 방법은 매일매일 열심히 사는 것입니다. 그 외의 다른 방법은 없습니다. 물론 좋은 전략을 세우고, 시대의 흐름을 타며, 타이밍에 맞는 대응을 하는 것도 필요합니다. 그러나 큰 성공을 거두는 것은 어쩌다가 한 번 있는 것이지 계속 있는 것이 아닙니다. 그것보다는 매일매일 열심히 살면서 하루하루 결실을 맺어나가는 것이 중요합니다. 야구게임도 홈런보다는 안타가 많은 것이 압도적으로 유리합니다. 홈런은 잘 나오지도 않고, 홈런도 안타가 없으면 고득점을 낼 수 없기 때문입니다. 인생은 매일매일 열심히 사는 것이 가장 중요합니다. 그 어떤 것도 이것을 뛰어넘을 수는 없습니다. 그래서 인생을 피곤하고 고생스럽게 살도록 해야 합니다. 매일매일 최선을 다해서 살아가는 것만이 가장 강력한 성공법입니다.

298

어디에서나 윗사람 역할은 중요하다

임금이 현명하면 신하들이 어질어서 모든 일이 편안할 것이다.

元首明哉 股肱良哉 庶事康哉(원수명재 고굉양재 서사강재)

어디서나 윗사람 역할이 정말 중요합니다. 대부분의 사람들은 윗사람을 따라하기 때문입니다. 학교에서는 선생님과 고학년들이 중요합니다. 그들이 영향을 미치기 때문입니다. 또 기업에서는 CEO의 영향이 절대적입니다. CEO 의사에 따라서 구성원들 대다수가 큰 영향을 받기 때문에 CEO의 말과 행동은 기업 문화까지도 바꿉니다. 사회에서도 사회지도층 역할이 매우 중요합니다. 서민들은 그들을 따라하고, 지대한 영향을 받기 때문입니다. 사회지도층이 제대로 역할을 하지 않으면 서민들도 제대로 하지 않습니다. '그들이 그렇게 한다면 나도 그렇게 하겠다'고 생각하기 때문입니다. 가정에서도 가장이 중요합니다. 어디서나 윗사람 역할은 매우 중요합니다.

299

어디에서나 권력을 지닌 지도자가 필요하다

임금이 없으면 마침내 혼란해진다.

無主內亂(무주내란)

어디에서나 권력을 지닌 지도자가 필요합니다. 특히 국가에는 더 필요합니다. 사람들은 개인적인 욕심에 따라서 움직이기 때문입니다. 사람들은 모두가 자기를 위해서 움직입니다. 타인을 이롭게 하기 위한 것이 아니라 자신의 이익을 위해서 움직이는 것입니다. 정육점 주인은 사람들을 이롭게 하려는 의도로 고기를 파는 것이 아니라 자신의 생계를 위해서 파는 것입니다. 그런 의도로 모든 것이 움직이고 있습니다. 따라서 사회는 개인의 이익이 중심이기 때문에 적절히 통제하지 않으면 문제가 발생합니다. 권력으로 국민들을 적절히 통제하지 않으면 안 됩니다. 행정부, 입법부, 사법부 모두 각기 그 역할이 있지만, 공통적으로 권력을 지닌 지도자가 없다면 국가는 상당한 혼란을 겪게 될 것입니다. 인간은 본래 이기적이기 때문입니다.

300

너그러움이 있느냐 없느냐로 흥망이 결정된다

사나움을 대신해 너그럽게 정치를 하니, 수많은 백성들이 믿고 그리워했다.

代虐以寬 兆民允懷(대학이관 조민윤회)

지금까지 세계적인 제국들의 흥망성쇠를 조사한 결과를 살펴보면 인간적으로 식민지 백성들을 존중한 나라들은 오랫동안 번영했으나, 식민지 백성들을 인정하지 않고 노예처럼 대한 나라들은 단기간에 실패하고 말았습니다. '관용'이 있느냐 없느냐로 흥망의 영속성이 결정된 것입니다. 국가통치, 기업경영도 모두 같습니다. 물론 국가나 기업을 경영하기 위해서는 지략(智略)도 필요합니다. 그러나 가장 중요한 것은 너그러움입니다. 그래야 모두가 안심할 수 있는 곳이 되고, 사람들도 떠나지 않기 때문입니다. 모든 사람을 넓은 마음으로 품을 수 있는 사람, 너그러움으로 사람들을 이끄는 사람, 사람냄새가 나는 사람이 결국 오랫동안 번영할 수 있습니다.

301

내가 딛고 있는 한 평의 땅에서
세계의 감동이 시작된다

사랑을 세울 때는 어버이에게 먼저 시작하고,
공경을 세울 때는 어른에게 먼저 시작한다.

立愛惟親 立敬惟長 (입애유친 입경유장)

사랑을 내세우기 위해서는 부모님에게 먼저 시작하고, 공경을 하려면 자신의 형에게 먼저 시작해야 합니다. 어떤 가르침이든 자기 주변에서 시작하지 않으면 안 됩니다. 그래서 지금 당장 실천할 수 있는 것, 작은 것, 지금 내 옆에 있는 사람들에게 실천해야 합니다. 세상의 모든 것은 지금 있는 곳에서 시작되는 것입니다. 공부도 그렇습니다. 우선은 반에서 1등을 해야 합니다. 그다음, 전교에서 1등을 해야 합니다. 그다음, 여러분의 도시에서 1등을 해야 합니다. 그다음, 우리나라에서 1등을 해야 합니다. 그다음, 세계에서 1등을 해야 합니다. 모든 것은 지금 여러분이 있는 곳에서 시작됨을 명심하세요. 그것이 무엇이든 그렇습니다. 지금 여러분이 딛고 있는 한 평의 땅에서 세계를 감동시킬 사랑과 비전이 시작됨을 명심하세요.

여덟

역경

몸을 펴기 위해
몸을 굽힐 뿐이다

302

선행이 인생의 정답이다

선행을 쌓은 집안에는 반드시 좋은 일이 남아돌 만큼 많고,
악행을 쌓은 집안에는 반드시 재앙이 남아돌 만큼 많을 것이다.

積善之家 必有餘慶 積不善之家 必有餘殃(적선지가 필유여경 적불선지가 필유여앙)

　　　　명리학적으로 볼 때 선행을 쌓은 집과 악행을 쌓은
집은 그 미래가 자명하다고 합니다. 선행을 쌓은 집은 좋은 기
(氣)가 자손들에게 미치지만, 악행을 쌓은 집은 나쁜 기가 자
녀들에게 미친다고 합니다. 특히 조상들에 대한 사람들의 칭
찬과 악담들이 모여서 기를 형성하고, 그것이 그 자손들에게
미친다고 합니다. 여러분도 남의 원망을 듣는 일은 절대 하지
마세요. 그런 일을 하면 지금 당장은 모르지만, 나중에는 내게
도, 나의 자손에게까지도 나쁜 영향을 미치게 됩니다. 이 세상
은 그러고 보면 뿌린 대로 거두는 것인지도 모르겠습니다. 어
찌되었거나 내가 한 대로 받기 때문입니다. 선행, 그것이 인생
의 정답입니다.

303

인간관계의 시작과 끝은 무엇인가

마음속의 믿음을 두고서 친해야 허물이 없을 것이다.

有孚比之 无咎(유부비지 무구)

그 사람과 진정으로 친하려면 사람 자체에 대한 믿음이 있어야만 합니다. 모든 것을 다 떠나서 사람에 대한 신뢰감, 존경심, 믿음이 없다면 진정한 관계는 형성되지 않습니다. 표피적인 관계만 형성될 뿐 진척은 없고, 결국은 헤어지게 됩니다. 그래서 관계를 맺으려면 무엇보다도 그 사람 됨됨이를 보아야 합니다. 그 사람 됨됨이가 마음에 와 닿아야 합니다. 그 사람됨에 신뢰가 가고, 존경이 가며, 함께하고 싶다는 마음이 들어야 합니다. 그럴 때 확고한 관계가 만들어집니다. 그러나 어떤 조건에 이끌려 사귀게 되면 그 조건에 문제가 생기거나 인간적으로 실망할 일이 생기면 곧바로 관계는 크게 틀어지게 됩니다. 그러면 관계에 대해서 허무감을 가지게 됩니다. 명심하세요. 인간관계의 시작과 끝은 '됨됨이'라는 것을!

304

타고난 재능은 생각보다 훨씬 더 중요하다

애꾸눈이 잘 보려고 하고, 절름발이가 잘 걸으려고 한다.

眇能視, 跛能履 (묘능시 파능리)

애꾸눈은 아무리 잘 보려고 해도 한계가 있습니다. 절름발이도 아무리 잘 걸으려고 해도 한계가 있고 달리기는 더욱 어렵습니다. 그런데도 잘 보려고 하고 잘 걸으려고 하면 그것은 무리입니다. 즉 재능이 부족한 사람이 아무리 노력해도 좋은 결과는 무리입니다. 어떤 일을 하든 타고난 재능을 정확히 파악하는 일은 매우 중요합니다. 노력만으로는 안 되는 것이 세상일이기 때문입니다. 타고난 재능이 없다면 성취는 어렵습니다. 공부, 운동, 예술 모두 그렇습니다. 그래서 자신이 어떤 재능을 타고났는가를 정확히 파악해야 합니다. 그런 뒤에 자신의 재능이라고 판단되는 부분이 있다면 그 부분을 집중적으로 공략해야 합니다. 성공은 타고난 재능 50퍼센트, 노력 50퍼센트로 결정된다고 생각합니다. 재능도 매우 중요한 것입니다.

305

겸손함을 유지하며 노력하면 된다

겸손함은 모든 일에 형통하니, 군자는 끝을 잘 맺을 수 있다.

謙 亨 君子有終(겸 형 군자유종)

성공에 대해서 조바심내지 마세요. 실력이 있으면 드러나기 마련입니다. 조바심을 내도 상대는 달라지지 않습니다. 오히려 초라함만을 경험하게 됩니다. 실력은 결국 드러납니다. 오랜 시간 열심히 노력하면 드러나는 것이 실력입니다. 따라서 노력만 하면 됩니다. 그러면 자연스럽게 인정받을 수 있습니다. 어떤 경우에도 자신을 내세울 필요는 없습니다. 언제나 겸손하면 됩니다. 젊을 때에도, 나이가 들어서도 그래야 합니다. 젊을 때는 실력을 더 키워야 하므로, 나이가 들어서는 진정한 실력이 있으므로 그래야 합니다. 겸손하면 모든 사람들이 부담 없어 다가옵니다. 그러나 오만하고 교만하면 좋은 사람도, 좋은 의견도 얻을 수 없습니다.

306

삶은 해병대가 아니다

험한 것을 보고 멈추니, 지혜롭도다.

見險而能止 知矣哉(견험이능지 지의재)

한번 해병은 영원한 해병이지만, 삶이란 그렇게 살아선 안 됩니다. 한번 정한 길이라도 앞에서 이상한 변수가 보인다면 방향을 틀어야 합니다. 고집을 고수할 것이 아니라, 상황이 바뀌면 모든 것을 변화시킬 수 있는 사람이 되어야 합니다. 우리들의 삶은 변수가 많습니다. 세상이 끊임없이 변하고 있기 때문입니다. 그래서 내가 취해야 하는 행동도 계속 변하고 있습니다. 또 어느 순간에는 돌발변수가 생기기도 합니다. 그래서 우리들 삶은 늘 변해야 합니다. 어느 때에는 가던 길을 멈출 수도 있어야 하고, 다른 길을 갈 수도 있어야 합니다. 삶의 모든 것이 그렇습니다. 삶은 때와 상황에 맞게 살아야 합니다.

307

음식절제와 규칙적인 생활을 해야 한다

절제하지 못해서 한탄하는 것을, 또 누구를 탓하겠는가.

不節之嗟 又誰咎也(부절지차 우수구야)

절제는 자신의 몫입니다. 본인의 실천이 중요합니다. 지금 내 일이 잘되지 않는다면 절제하세요. 무엇보다도 음식절제가 중요합니다. 그리고 공부를 규칙적으로 해야 합니다. 정해진 시간 동안 최선을 다하세요. 규칙적으로 식사하고, 규칙적으로 공부하고, 규칙적으로 운동하세요. 자신의 삶은 누구도 대신 살아줄 수가 없습니다. 부모님도, 친구도 대신 살아줄 수 없습니다. 항상 내 삶을 책임감 있게 이끌어가겠다는 마음가짐과 실천이 여러분 삶에서 가장 중요합니다. 언제나 가슴속에 절제를 명심하세요. 음식절제와 규칙적인 생활을 명심한다면, 여러분 삶은 반드시 변화할 것입니다.

308

어떤 상황에서든 실력이 중요하다

닭이 하늘에 올라갔으니, 어찌 오래 머무를 수 있겠는가.

翰音登于天 何可長也(한음등우천 하가장야)

실력이 없는 닭이 하늘에 올라갔다면 곧 떨어지게 됩니다. 어떤 상황에서든 실력이 중요합니다. 실력만 있으면 그일을 감당할 수 있습니다. 그러나 실력이 없으면 추락할 수밖에 없습니다. 인생이란 자신의 실력대로 받는 것입니다. 그러니 실력을 쌓으세요. 특히 학생 때에는 공부가 정말 중요합니다. 좋은 대학에 들어가는 것만으로도 많은 기회를 잡을 수 있기 때문입니다. 부모님이 도와주는 지금 이때에 열심히 공부하세요. 나중에 나이가 들면 공부할 시간도, 돈도 허락되지 않습니다. 지금 열심히 하세요. 그러면 미래는 달라질 것입니다.

309

잘될 때 더 주의한다

기미가 보이는 일에 주도면밀하지 않으면 해로움이 생긴다.

幾事不密則害成 (기사불밀즉해성)

어떤 일이든 기미가 보일 때 주의해야 합니다. 어떤 일이 완성할 단계에 들어섰더라도 방심하면 모든 것이 무너집니다. 인생은 마음을 풀면 될 일도 안 됩니다. 그러나 어떤 상황에 있더라도 다시 마음을 다잡으면 안 될 일도 됩니다. 그것이 진실입니다. 그래서 사람은 언제나 마음을 단단히 먹고 살아야 합니다. 특히 잘될 때 주의해야 합니다. 잘될 때야말로 마음 놓기 쉬운 때이니까요. 항상 잘될 때 더 주의하세요. 공부도 잘될 때 주의하고, 내 생각대로 잘 풀릴 때 더욱 주의하세요. 그때야말로 마음을 놓아서 모든 것이 뒤집어질 수도 있습니다. 언제나 마음단속만 잘한다면 인생은 무탈할 수 있습니다.

310

사람은 언제나 겸손해야 한다

새가 자기의 둥지를 불태운다.

鳥焚其巢(조분기소)

나무는 위로 올라갈수록 잎이 적고 가지가 얇아집니다. 그런데 비행 실력을 자만하는 새가 높은 곳에 둥지를 지으면 사람들 눈에 띄어 사람들이 그것을 태워버릴 수도 있습니다. 사람도 높은 자리에 있으면서 교만하면 다른 사람들의 시기를 받아서 한 순간에 해를 입고 떨어질 수도 있습니다. 사람은 언제 어디서나 겸손해야 합니다. 교만한 순간 모든 사람들이 적이 될 수도 있기 때문입니다. 항상 겸손하면 어떤 위치에 있든 해롭지 않을 수 있습니다.

311

신뢰는 행동으로 만들어진다

묵묵히 이루며, 말하지 않아도 믿음을 주는 것은 덕스러운 행동에 있다.

黙而成之 不言而信 存乎德行(묵이성지 불언이신 존호덕행)

어떤 말을 해도 믿음이 가지 않는 사람이 있습니다. 왜일까요? 행동을 믿을 수 없기 때문입니다. 사람은 평소에 행동을 잘해야 합니다. 아무리 미사여구를 쓴다고 해도 평소 행동을 잘못한다면 믿을 수 없습니다. 신뢰에서 가장 중요한 것은 평소 행동입니다. 신뢰는 행동으로 만들어가는 것임을 명심하세요. 말로는 신뢰를 얻을 수 없음을 명심하세요. 그래서 여러분은 평소 행동을 잘해야 합니다. 그것이 신뢰의 전부니까요.

312

높은 자리를 지키려면 착하고 어질어야 한다

무엇을 가지고 지위를 지키는가? 그것은 인이다.

何以守位 日仁(하이수위 왈인)

높은 자리를 지키려면 사람이 착하고 어질어야 합니다. 모든 사람들을 포용해 내 편으로 만들어야 하기 때문입니다. 적은 없는 것이 좋습니다. 누구든 원수를 지는 것은 좋지 않습니다. 싸우더라도 나중에는 풀어야 합니다. 그래야 나중이 좋습니다. 모든 사람들을 착하고 어질게 대하세요. 그것이 결국은 여러분에게 다시 돌아올 테니까요.

313

하늘로 비상하기 위해 잠시 허리를 숙이고 있다

지벌레가 몸을 굽히는 것은 몸을 펼 것을 추구하기 위해서다.

尺蠖之屈 以求信也(척확지굴 이구신야)

여러분은 지금 하고 싶은 것을 하지 못하고 있을 수도 있습니다. 공부하느라 말입니다. 그러나 여러분은 지금 나중을 위해서 몸을 굽히고 있는 것입니다. 하늘로 비상하기 위해 잠시 허리를 숙이고 있는 것입니다. 지금 놀면 나중에 비참할 수밖에 없습니다. 그러나 지금 힘들게 공부하면 나중에는 웃을 수 있습니다. 힘들 때는 미래의 꿈을 생각하세요. 그러면 힘이 날 것입니다. 대학에 가서 유럽으로 여행도 떠나고, 연애도 하고, 독서도 하세요. 그리고 대학을 졸업한 이후 자신이 원하는 직업을 통해서 멋진 삶을 사세요. 여러분은 할 수 있을 것입니다. 지금 최선을 다해서 하루하루를 보낸다면 말입니다. 지금의 삶은 나중을 위한 것으로, 지금의 힘듦은 나중에 몇 배로 보상받을 수 있습니다.

314

말을 줄인다

길한 사람은 말수가 적고, 조급한 사람은 말이 많다.

吉人之辭寡 躁人之辭多 (길인지사과 조인지사다)

말을 많이 한다는 것은 좋지 않습니다. 말을 하지 않는 것이 마음을 차분하게 합니다. 말을 줄이세요. 그리고 열심히 공부하세요. 말이 많으면 입으로 에너지가 분출되어 침착함을 잃기 쉽습니다. 그러나 말을 아끼면 차분해지면서 집중력이 향상됩니다. 물론 친구들과 대화하는 것은 필요합니다. 그러나 지나치게 많이 하면 안 됩니다. 그러면 집중력이 떨어집니다. 마음의 혼란함이 오기 때문입니다. 지금은 조용히 자신의 공부에 집중하세요. 그것이 여러분의 본업이고, 본업에 집중해야만 여러분의 인생이 달라집니다.

아홉

좌전

구하지 않으면
무엇도 얻을 수 없다

315

약속을 지켜 신뢰를 확보한다

맹약을 지키지 않으면 국가를 향유할 수 없다.

渝盟無享國(투맹무향국)

사람에게 가장 중요한 것은 신뢰입니다. 신뢰 없는 사람은 상대할 수 없는 사람이고, 상대할 가치가 없는 사람입니다. 이것은 국가에도 그대로 적용됩니다. 국가 간에도 약속은 중요합니다. 국가 간에 약속을 지키지 않는다면 그 국가는 믿을 수 없고, 관계를 할 수 없습니다. 외톨이가 되는 것입니다. 인생의 모든 것은 신뢰입니다. 나중에 사업가가 되더라도 고객에 대한 신뢰를 지키지 않는다면 미래를 열어나갈 수 없습니다. 신뢰를 잃으면 모든 것을 잃는 것입니다. 여러분은 삶에서 신뢰가 가장 중요하다는 것을 명심하세요. 그것이 관계의 처음과 끝을 관통하는 진리입니다.

316

인생에는 용기가 필요하다

전쟁은 용기로 싸우는 것이다.

戰 勇氣也(전 용기야)

전쟁에서는 용기가 있어야 싸울 수 있습니다. 그러나 인생에서도 용기가 있어야 살 수 있습니다. 인생에는 힘든 일이 많으니까요. 그래서 무엇보다도 용기가 필요합니다. 이 어려움을 극복하겠다는 다짐과 어떤 일이 있어도 쓰러지지 않고 나아가겠다는 용기가 중요합니다. 인생은 힘듭니다. 그것도 많이 힘듭니다. 그래서 용기를 내야 합니다. 힘을 내야 합니다. 아무리 힘들어도 포기하지 않겠다는 마음, 끝까지 나아가겠다는 마음, 반드시 해내서 내 인생을 바꾸겠다는 마음이 필요합니다.

317

다른 사람의 단점을 보면 그것을 거울로 삼는다

남을 탓하고서 그것을 본받으면 죄가 더욱 큰 것이다.

尤而效之 罪又甚焉(우이효지 죄우심언)

주위에서 마음에 들지 않는 사람들 모습을 볼 수도 있습니다. 모든 사람들에게는 단점이 있기 때문입니다. 다른 사람의 단점을 보면 그것을 거울로 삼고 자신을 되돌아보는 계기로 삼으세요. 그래서 똑같은 일은 하지 않는 사람이 되세요. 가장 나쁜 것은 그들의 단점을 보고 배워서 똑같이 나쁜 일을 하는 것입니다. 그러면 똑같은 사람이 될 뿐입니다. 하지만 다른 사람들의 단점을 보고는 자신을 반성한다면 큰사람으로 나아갈 수 있습니다.

318

인생은 결국 자신의 책임이다

나쁜 일이 닥쳐온 것은 자기 자신이 불러들여서 취한 것이다.

惡之來也 己則取之(악지래야 기즉취지)

인생에서의 나쁜 일은 모두 자기가 불러들인 것입니다. 자기가 한 것이 아닐 수도 있다고요? 그럴 수도 있습니다. 운이 나쁜 경우도 있고, 다른 사람이 잘못해서 그럴 수도 있고, 시대가 그래서 그럴 수도 있습니다. 그러나 결국은 자신의 책임입니다. 운이 나쁘면 더 노력해야 합니다. 다른 사람이 잘못하면 자신의 노력으로 그것을 뒤집을 수 있어야 합니다. 시대가 그렇다면 그에 맞추어서 움직여야 합니다. 결국은 자신의 잘못입니다. 자신이 노력하지 않은 잘못입니다. 여러분은 자신의 인생에 전적으로 책임을 져야 합니다. 여러분의 행동으로 여러분의 인생이 전적으로 결정되기 때문입니다.

319

인생은 부메랑이다

무례한 짓을 많이 하면 반드시 스스로에게 화가 미친다.

多行無禮 必自及也(다행무례 필자급야)

무례한 행동으로 다른 사람에게 상처를 주면 반드시 그 화가 자신에게 미칩니다. 인생은 내가 뿌린 대로 받는 것입니다. 남들에게 범죄를 저지른 사람은 결국 감옥에 갑니다. 그래서 인생을 망치게 됩니다. 다른 사람들에게 상처를 준 사람은 자신도 상처를 입게 됩니다. 남의 눈에 눈물 흘리게 하면 자신의 눈에서는 피눈물을 흘리게 되는 것이 세상 이치입니다. 언제나 바르게 살아가세요. 언제나 남에게 따뜻하게 대하면서 살아가세요. 그것이 결국에는 여러분에게 고스란히 되돌아올 것이기 때문입니다. 인생은 부메랑이니까요.

320

신의 하나면 충분하다

의지하려면 신의만한 것이 없다.

杖莫如信(장막여신)

　　말하지 않아도 믿을 수 있는 사람이 가장 좋은 친구입니다. 항상 믿을 수 있다는 것, 어떤 말을 하더라도 믿을 수 있다는 것은 가장 좋은 것입니다. 그 믿음은 어쩌면 직감에서 나옵니다. 그리고 그 직감은 대체로 맞습니다. 직감이란 본능과 경험에서 나오기 때문입니다. 즉 내 몸으로 느끼는 감(感)은 나의 경험들에서 나오기 때문에 직감은 대체로 맞습니다. 내게 상처를 주었던 말들, 내게 감동을 주었던 말들은 내게 깊숙이 각인되어 있고 그것은 직감의 형태로 나타나게 됩니다. 신의(信義)가 있고 없음이 인간관계의 처음과 끝이라는 것을 명심하세요. 신의 하나면 충분하니까요.

321

내 인생은 전적으로 내 손에 달려 있다

재난과 행복은 들어오는 문이 있는 것이 아니라,
오직 사람이 불러들이는 것이다.

禍福無門 唯人所召(화복무문 유인소소)

인생의 행복과 불행, 성공과 실패는 모두 자기 자신이 불러들이는 것입니다. 물론 타고난 운명을 바꿀 수는 없습니다. 그러나 삶이란 운명적으로 내게 주어진 상황을 내가 헤쳐나가는 것입니다. 주어진 상황은 바꿀 수 없고, 바꿀 수 있는 부분에서 최선을 다하는 것이지요. 결국 인생은 절제와 노력입니다. 인생의 본질은 몸을 편하게, 안락하게 하려는 욕구를 절제하고, 항상 성실하게 노력하는 것입니다. 목표라는 것도 큰 무언가를 얻는 것이 아니라 항상 성실하면 그것으로 충분합니다. 그렇게 하면 결국에는 모든 것이 열리니까요. 여러분은 인생이 전적으로 여러분 손에 달려 있음을 알고, 언제나 절제와 노력의 삶을 살기 바랍니다.

322

흉악무도한 삶은 미래가 없다

흉악한 사람이 제명대로 다 살지 못하는 것이 천명이다.

凶人不終 命也(흉인부종 명야)

흉악무도한 삶은 미래가 없습니다. 반드시 되갚음을 당할 것이기 때문입니다. 세상은 정확합니다. 자신이 한 대로 받습니다. 사람은 언제나 정도(正道)를 가야 합니다. 바르게 살고, 인간의 도리를 다하며 살아야 합니다. 또 자신의 분기(憤氣)를 절제하며 살아야 합니다. 또 자신의 몸의 쾌락을 절제하며 살아야 합니다. 그렇게 살 때 진정한 안락을 누릴 수 있습니다. 내 하고 싶은 대로 다 하고, 내가 하고 싶은 대로 화내면, 인생은 몰락하게 됩니다. 결국 감옥에서 생을 마감하거나, 가난한 사람이 되어서 생을 마감하게 됩니다. 자신의 마음을 절제하며 언제나 바르게 살되, 항상 성실하게 사는 자세가 인생에서 가장 중요합니다.

323

중요한 것은 아버지가 물려줄 재산이 아니다

그 아버지가 장작을 베었으나, 그 자식이 짊어질 수 없다.

其父析薪 其子弗克負荷(기부석신 기자불극부하)

아버지가 아무리 많은 재산을 물려주더라도 내가 유지할 능력이 안 되면 아무 소용이 없습니다. 아버지가 기업체를 물려주더라도 내가 경영할 능력이 안 되면 아무 소용이 없습니다. 중요한 것은 아버지가 이룩해놓은 것이 아닙니다. 아버지가 물려줄 재산이 아닙니다. 오직 나의 능력입니다. 본질적으로 아버지의 재산은 한 푼도 필요가 없는 것입니다. 첫째, 내가 능력이 있으면 아버지를 능가할 업적을 세울 것이기 때문입니다. 그래서 아버지 돈은 필요가 없는 것입니다. 둘째, 내가 능력이 없으면 어차피 아버지의 재산을 유지할 수 없을 것이기 때문입니다. 그래서 아버지 돈은 필요가 없는 것입니다. 인생에선 결국 내 능력이 가장 중요합니다. 여러분은 남에게 기대지 않고 자신의 힘으로 인생을 살아가는 능력을 키우길 바랍니다.

324

구하지 않으면 무엇도 얻을 수 없다

구하지 않으면 무엇을 얻겠는가.

不索何獲(불색하획)

구하지 않으면 무엇도 얻을 수 없습니다. 내가 원해야 얻을 수 있는 것입니다. 스스로 발 벗고 나서야 무엇이라도 얻을 수 있습니다. 가만히 앉아 있는데 떡을 주는 사람은 아무도 없습니다. 부모님도 한계가 있습니다. 결국 따지고 보면 이 세상엔 아무도 도와주는 사람이 없습니다. 오직 자신의 몫입니다. 자신이 직접 나서야 합니다. 그것도 적극적으로 나서야 합니다. 그럴 때 물이라도 한 잔 마실 수 있습니다. 세상은 냉정합니다. 냉정하다는 것은 차갑다는 의미가 아닙니다. 냉정하다는 것은 자신이 한 만큼 받는다는 것을 말하는 것입니다. 여러분은 여러분이 나서야 함을 명심하세요. 모든 것은 자신의 힘으로 성취해야 한다는 것을 명심하세요. 그럴 때 여러분 인생이 달라질 수 있습니다. 홀로서기, 그것이 정답입니다.

325

인생의 실패는 중요하다

세 번 팔을 부러뜨리고 난 뒤에야 좋은 의사가 된다는 것을 알 수 있다.

三折肱知爲良醫(삼절굉지위량의)

인생의 경험에서 실패는 중요합니다. 실패하지 않고 성공하는 사람은 단 한 사람도 없습니다. 실패는 성공의 자양분이 됩니다. 실패에서 많은 가르침을 얻기 때문입니다. 실패하게 되면 자책하기보다는 당연하다고 생각하세요. 실패하지 않는 사람은 없으니까요. 그리고 그 속에서 어떤 배움을 얻으려고 노력하세요. 그래야 다시 실패하지 않으니까요. 실패는 삶의 보약입니다. 실패해야만 더 강해지고, 많은 배움을 얻을 수 있으며, 세상이 녹록지 않음도 알게 되고, 진정한 실력을 키우게 됩니다.

326

사람마다 잘할 수 있는 일은 다르다

사람에게는 각각 할 수 있는 것이 있고 할 수 없는 것이 있다.

人各有能有不能(인각유능유불능)

사람에게는 잘할 수 있는 일도 있고 잘할 수 없는 일도 있습니다. 그것은 사람마다 다릅니다. 그래서 남을 부러워하기보다는 자신이 무엇을 잘하는지 정확히 알아야 합니다. 그래야 자신의 강점에 집중함으로써 진정한 차별화를 달성할 수 있습니다. 누구에게나 잘하는 것이 하나 이상은 있습니다. 인생은 그것을 찾느냐 못 찾느냐, 그리고 그것을 노력으로써 극대화시키느냐 못 시키느냐로 승패가 결정된다고 해도 과언이 아닙니다. 여러분은 여러분의 진정한 강점을 찾고, 그것을 극대화하는 일에 모든 것을 걸어야 합니다. 그때는 지금일 수도 있고, 나중이 될 수도 있습니다. 어쨌든 그때는 언젠가는 반드시 올 것입니다.

열

근사록

앞으로 가지 않으면
뒤로 밀리는 법

327

남을 완전히 이해할 수는 없다

사람의 마음이 각각의 얼굴처럼 같지 않다.

人心不同如面(인심부동여면)

사람의 마음은 다 다릅니다. 그래서 주의가 필요합니다. 내 마음 같지가 않기 때문입니다. 내 마음처럼 착하지 않을 수도 있고, 나처럼 세상을 인식하지 않을 수도 있으며, 나와 같은 고통을 느끼지 못할 수도 있습니다. 그래서 세상사람 모두는 내 편이 되지를 못합니다. 그래서 역으로 내가 세상사람 모두를 이해할 수도 없는 것입니다. 이해하지 못할 사람이 없다고 하지만, 깊숙한 곳에 있는 그의 마음은 이해하지 못합니다. 반드시 어느 정도의 차이가 있기 때문입니다. 모든 사람을 완전히 이해할 수 있다고 생각하지 마세요. 착각이니까요. 최선을 다해 노력은 하겠지만, 마음 깊숙한 곳까지 이해하기란 어렵다는 점을 인정해야 합니다.

328

무심하게 산다

사물이 다가오는 대로 순조롭게 대응한다.

物來而順應(물래이순응)

이 세상은 아무리 노력해도 내 마음대로 되지 않습니다. 아무리 궁리해도 뾰족한 수는 잘 나오지 않습니다. 그래서 궁리하다가 시간을 다 보낼 수도 있습니다. 그렇다면 어떻게 해야 할까요? 무심(無心)하게 살면 됩니다. 마음을 비우고, 욕심을 버리고 그저 성실하게 살아가면 됩니다. 그렇게 성실하게 살아가면 모든 일이 풀립니다. 마음대로 되지 않기에 오히려 마음을 놓는 것이 필요합니다. 그리고 마음을 비우고 순리대로 살아가는 일이 필요합니다. 순리대로 살아간다는 것은 외부 사물에 순응하여 적당한 조치를 취하며 사는 것입니다.

329

항상 절제하며 살아야 한다

사람의 감정은 드러나기는 쉽지만 제어하기는 어려운데,
노여움이 그중에서 가장 심하다.

人之情 易發而難制者 惟怒爲甚(인지정 이발이난제자 유노위심)

감정을 조절한다는 것은 쉬운 일이 아닙니다. 그러나
감정을 모두 드러내면 반드시 탈이 생깁니다. 특히 화를 내는
것은 그렇습니다. 요즘 들어 느끼는 것이 인생에서 가장 중요
한 것이 절제가 아닌가 생각됩니다. 음식절제 그리고 마음절
제입니다. 한마디로 모든 욕심을 줄이는 것입니다. 돈으로부
터의 해방, 욕망으로부터의 해방입니다. 그러면서 구도자처럼
자유롭게 세상을 살아가는 것입니다. 그런 삶이 좋은 삶이 아
닌가, 그렇게 살고 싶다는 생각을 요즘 들어 많이 합니다. 화를
내는 것도 음식절제와 마음절제가 되지 못하기 때문입니다.
절제가 되면 삶에서 넘지 말아야 할 선을 넘지 않게 됩니다. 항
상 절제하며 살아야 합니다.

330

꿈과 이상은 원대해야 한다

보는 것과 기대하는 것은 멀리 그리고 크게 하지 않으면 안 된다.

所見所期 不可不遠且大(소견소기 불가불원차대)

꿈과 이상은 원대해야 합니다. 원대하지 않으면 사람이 작아지기 때문입니다. 꿈이란 모두를 감동의 도가니에 몰아넣고 흥분하게 만드는 것이어야 합니다. 자기 혼자만 피식 웃고 말 것은 아니어야 합니다. 모두가 놀라워할 만한 거대한 것이어야 합니다. 그럴 때 실제로 세상의 변화를 이끌어낼 수 있기 때문입니다. 또, 꿈은 수많은 사람들의 동참이 필요합니다. 그래서 수많은 사람들과 함께 자신의 꿈을 통해 이 세상을 크게 변화시킬 수 있어야 합니다. 꿈을 크게 가지세요. 그래서 이 세상을 변화시키세요. 여러분은 반드시 할 수 있습니다.

331

큰 꿈을 가지되 오늘의 실천을
무시하지 않는 실천가

담은 크기를 바라고 마음은 작기를 바란다.

膽欲大而心欲小 (담욕대이심욕소)

꿈은 커야 합니다. 그러나 실행은 매우 세밀해야 합니다. 작은 것부터 하나씩 하나씩 이루어나가야 합니다. 지금 여러분은 수학문제를 풀어야 하고 영어단어를 외워야 합니다. 그것은 거대한 꿈과는 거리가 멀어 보입니다. 그러나 그 한 걸음부터 시작해야 합니다. 그렇게 하나씩 해야 하고, 작은 것부터 나아가야 합니다. 여러분이 앞으로 대학을 가고, 사회생활을 해도 마찬가지입니다. 처음부터 연매출 100조 원을 내서 삼성전자를 박살낼 수는 없습니다. 처음에는 벤처기업이지요. 그러면서 작은 실천을 하나씩 해나가는 겁니다. 그 과정은 힘들고 초라할 수 있습니다. 또 빡빡할 수 있습니다. 그러나 때가 되면 순식간에 세계 최고의 기업가가 되는 것이지요. 여러분은 큰 꿈을 가지되 오늘의 실천을 무시하지 않는 실천가가 되어야 합니다.

332

공부도 사업도 명예를 위해서 하면 안 된다

명예를 가까이 하는 것에 뜻을 두게 되면, 거짓된 학문이다.

有意近名 則是爲也(유의근명 즉시위야)

공부도 사업도 명예를 위해서 하면 안 됩니다. 명예를 위해서 한다는 건, 늘 불나방처럼 흔들리는 삶을 산다는 것을 의미합니다. 다른 사람이 이런 말을 하면 이렇게 흔들리고, 저런 말을 하면 저렇게 흔들리기 때문입니다. 삶이란 확고한 뜻을 바탕에 두고 움직이는 것이어야 합니다. 그래서 명예는 생각하지 말아야 합니다. 누가 뭐라고 하든 흔들리지 말아야 합니다. 삶이란 원칙적으로 그래야 하는 것입니다. 목표를 정해두었으면 그저 가는 것입니다. 그리고 명예는 잊는 것입니다. 오직 뜻과 목표만 생각하며 정진하고 또 정진하는 것 외에는 없는 것입니다.

333

지금 나의 고통이 나를 강하게 만들 것이다

가난과 천함, 근심과 걱정은 너를 옥을 다듬듯이 훌륭하게 만든다.

貧賤憂戚 庸玉汝於成也(빈천우척 용옥여어성야)

사람은 힘든 경험을 하고 나면 달라집니다. 또 근심 걱정을 많이 하면 달라집니다. 훨씬 더 강해지기 때문입니다. 또 어떻게 살아야 하는지에 대한 길이 명확히 정해지기 때문입니다. 삶은 명쾌합니다. 열심히 살아야 하고 효율적으로 살아야 합니다. 효율적으로 산다는 것은 무슨 말일까요? 나름의 전략을 가지고 결과를 염두에 두고 일을 한다는 말입니다. 지금 여러분 삶의 고민이 결국은 여러분을 강하게 만들 것입니다. 그러니 힘든 상황이라도 절망하지 마세요. 그리고 흔들리지 마세요. 여러분은 더욱 강해질 것이 분명하니까요.

334

책은 핵심을 이해하며 읽어야 한다

책은 반드시 많이 읽을 필요는 없고, 그 핵심을 알아야 한다.

書不必多看 要知其約(서불필다간 요지기약)

책이란 핵심을 이해하며 읽어야 합니다. 이해를 통해 내 것으로 만들어야 합니다. 자신의 것이 되지 않은 채 책만 많이 읽는다는 것은 의미가 없습니다. 무엇보다도 알고 넘어가야 한다는 것을 명심해야 합니다. 특히 핵심을 파악해야 합니다. 그래서 책을 볼 때는 처음에 제대로 공부하는 것이 가장 중요합니다. 한 번만 진득하게 공부하면 그다음부터는 수월하기 때문입니다. 많은 시간투자를 통해서 내 것으로 만드는 작업, 공부에서는 그것이 중요합니다.

335

욕심을 줄이면 여유를 가질 수 있다

이치를 따르면 여유가 있다.

順理則裕(순리즉유)

좋지 않은 모든 일은 개인적인 욕심 때문에 발생합니다. 욕심만 버리면 마음이 흔들리지 않습니다. 마음이 흔들리지 않으면 나쁜 일도 저지르지 않게 됩니다. 욕심이 생기면 불평불만을 가지게 되고, 무언가에 쫓기며 살게 됩니다. 그래서 여유를 잃게 되고, 사람들을 몰인정하게 대하게 됩니다. 그리고 끝내는 돌이킬 수 없는 범죄를 저지르게 되기도 합니다. 사람은 욕심을 줄여야 합니다. 물론 완전히 욕심을 버릴 수는 없습니다. 그러나 욕심을 줄일 수는 있습니다. 그런 연습을 계속해야 합니다. 욕심이 적으면 마음에는 여유가 있습니다. 마음에 여유가 있어야 사람은 도리에 따라서 살게 되고, 그래야 평탄한 삶을 살아갈 수 있습니다.

336

누가 뭐라고 하더라도
자신의 길을 갈 수 있는 소신

남이 의심하는 것을 피하려 함은 마음속에 수양이 부족하기 때문이다.

避嫌者 皆內不足也(피혐자 개내부족야)

남에게 의심받는 것을 피하려는 감정은 일반적입니다. 그러나 그것은 자신의 수양이 부족하기 때문입니다. 수양이 되어 있다면 세상 눈에는 흔들리지 않고 자신의 소신대로 살아갈 수 있습니다. 물론 남에게 무언가를 약속하고 지키지 않았다거나 못했다면 사과를 해야 합니다. 그러나 그런 것이 아니라면 당당하게 자신의 길을 가야 합니다. 남들의 비난이나 시선은 중요한 것이 아닙니다. 진정으로 큰 뜻이 자신의 마음속에 있으면 평판은 눈에 들어오지 않습니다. 평판에 신경을 쓰고 있다는 것은 어쩌면 다른 곳으로 마음이 돌아선 것일 수도 있습니다. 즉 목표가 아니라 평판이라는 잿밥에 더 관심이 간 것일 수 있습니다. 누가 뭐라고 하더라도 흔들림 없이 자신의 길을 갈 수 있는 소신이 중요합니다.

337

앞으로 가지 않으면 뒤로 밀려난다

천하의 일이란 앞으로 나아가지 않으면 물러나게 된다.

天下之事 不進則退(천하지사 부진즉퇴)

지금 모두가 앞으로 나아가고 있습니다. 주위 친구들을 보세요. 모두 열심히 살고 있습니다. 모두 앞으로 나아가고 있는 것입니다. 그래서 내가 가만히 있으면 나는 뒤로 가고 있는 것이 됩니다. 세상의 모든 만물은 앞으로 나아가고 있습니다. 심지어 지구도 그렇습니다. 지구도 열심히 자전(自轉)하고 있습니다. 끊임없이 움직이고 있는 것입니다. 어떤 것을 하든 열심히 해야 합니다. 그렇지 않고 가만히 있으면 뒤로 밀려나기 때문입니다. 여러분은 나중에 대학도 가야 하고, 취업도 해야 하며, 결혼도 해야 합니다. 이후에는 아이도 낳아서 키워야 하고, 부모님도 모셔야 합니다. 끊임없이 앞으로 가야 하는 것이죠. 여러분이 지금의 때에 노력하지 않으면 다음의 때는 힘들 수밖에 없습니다. 그것이 진실입니다.

338

분쟁이란 욕심 때문에 발생한다

공경과 사양으로 이끌어주면 분쟁은 저절로 멎는다.

導敬讓 而爭自息(도경양 이쟁자식)

분쟁이란 자신을 내세우기 때문에 발생합니다. 물론 상대방이 원리원칙에 맞지 않게 대하는 경우도 있을 것입니다. 그러나 대체로는 자신이 양보하면 문제는 해결됩니다. 대부분 분쟁이란 욕심 때문에 발생하기 때문입니다. 그래서 내 욕심을 버리고 상대방을 위하면 분쟁은 해결됩니다. 언제나 무엇을 하든 조금 양보하며 사세요. 조금 손해 보며 사세요. 조금 뒤로 물러나 사세요. 그것이 결국 자신을 위할 것이기 때문입니다.

339

말과 음식만 절제해도 인생은 바르게 된다

언어를 조심해서 덕을 기르고, 음식을 절제해서 몸을 길러야 한다.

愼言語以養其德 節飮食以養其體(신언어이양기덕 절음식이양기체)

말을 조심하는 것과 음식을 적게 먹는 것이 중요합니다. 실제로 말이란 몸에서 나오는 것이고 음식은 우리 몸을 지탱해주는 것입니다. 몸을 절제하면 마음도 가지런해집니다. 그러나 몸이 둔탁하면 마음도 탁해지기 쉽습니다. 말은 어떻습니까? 말을 잘못하면 말을 듣는 상대방은 물론이고 내뱉은 사람의 마음도 혼란스러워집니다. 또한 말로써 상대방에게 상처를 주면 그 화가 내게도 미칩니다. 말과 음식만 절제해도 인생은 바른 길에서 엇나가지 않습니다. 그 둘만 잘 지켜도 충분합니다.

340

감정을 다스리지 못하면 인생을 망친다

감정에 격해 몸을 버리기는 쉽지만,
침착하게 의로움으로 나아가기는 어렵다.

感慨殺身者易 從容就義者難(감개살신자이 종용취의자난)

✿ 감정에 솔직한 것은 좋지만, 타인에게 특히 화를 내
는 경우에는 지나치게 솔직하면 안 됩니다. 물론 어느 정도 솔
직한 것은 필요하지만, 어지간하면 상대방에 상처 주는 말은
삼가야 합니다. 심한 말, 앞으로 인연을 정리할 수 있는 말은
특별히 조심해야 합니다. 특히 화가 날 때에는 흥분하면 안 됩
니다. 그러면 실수하게 되고, 때로는 돌이킬 수 없는 일이 생길
수도 있습니다. 그리고 흥분하면 대체로 본인이 큰 손해를 입
게 됩니다. 그래서 어떤 경우에도 흥분하지 말아야 합니다. 화
가 나더라도 침착해야 합니다. 그러면서 침착한 자세로 의롭
게 나아가야 합니다. 연습과 노력을 해야 합니다. 감정을 다스
리지 못하면 인생을 망치지만, 어떤 경우에도 침착하면 매사
를 매끄럽게 이끌고 갈 수 있습니다.

341

변화는 나로부터 시작된다

소인의 해악을 막는 방법으로는 자신을 바르게 하는 것이 가장 우선이다.

防小人之道 正己爲先(방소인지도 정기위선)

다른 사람을 변화시키기 위해서는 자신의 행동을 바르게 하는 것이 가장 중요합니다. 즉 솔선수범이 가장 좋습니다. 말로만 해서는 그 누구도 따르지 않기 때문이고, 행동보다 좋은 가르침은 없기 때문입니다. 그래서 학교에서나 사회에서나 주변을 탓하지 말고 본인이 바르게 살아가면 됩니다. 그러면 학교도, 사회도 변하기 마련입니다. 변화는 본인으로부터 시작되어야 합니다. 본인이 바르게 살면 주변 사람들도 보고 배웁니다. 그리고 주변 사람들이 변함으로써 그 변화는 더욱 확대됩니다. 결국 모든 변화의 중심은 자기 자신인 셈입니다.

342

모든 일은 적당해야 한다

분별하는 것이 극도에 이르면 살피는 것이 지나쳐서 의심이 많아진다.

明極則過察而多疑(명극즉과찰이다의)

어떤 일이든 너무 지나치면 문제가 발생합니다. 모든 일은 적당해야 합니다. 분별하는 것도 그렇습니다. 지나치게 분별하면, 자질구레한 일에까지 눈이 가서 심하게 의심할 수도 있습니다. 물도 지나치게 깨끗하면 물고기가 살지 못합니다. 너무 더러워도 살지 못합니다만 너무 깨끗해도 살지 못하는 것입니다. 모든 것은 적당해야 좋습니다. 공부도, 일도 너무 하면 건강을 해칠 수 있습니다. 어떤 일이든 적당하게 하는 것, 그것이 삶에서 중요합니다. 여러분은 모든 일을 적당하게 하도록 하세요. 그것이 삶을 건강하게 만듭니다.

343

마음을 비우면 오히려 충만해진다

욕심이 깊은 자는 마음이 얕다.

嗜欲深者 其天機淺(기욕심자 기천기천)

    욕심이 많은 사람은 쉽게 흔들립니다. 여러 가지 유혹에도 흔들리고, 어려움에도 흔들립니다. 그래서 마음이 불나방처럼 흔들립니다. 그런 삶은 건강한 삶이 아닙니다. 언제나 마음의 안정이 없기 때문입니다. 또 늘 쫓기면서 살기 때문입니다. 사람은 등 따시고 배부르면 그곳이 천국이라는 느긋한 자세가 필요합니다. 그래서 언제나 마음의 안정이 있어야 합니다. 그것이 진정한 평안이고, 평온이며, 평화입니다. 여러분은 많이 소유하는 것이 아니라 욕심을 버림으로써 그 경지에 이를 수 있을 것입니다. 마음을 비우면 오히려 마음이 충만해질 것입니다.

344

욕심을 버리면 삶은 편안해진다

가슴속이 담박하여 따스한 바람이나 밝은 달과 같다.

胸中灑落 如光風霽月 (흉중쇄락 여광풍제월)

지나친 욕심을 버리면 삶은 편안합니다. 사실 모든 것은 욕심 때문에 힘듭니다. 모든 욕심을 버리면 삶은 편안해집니다. 조금만 버리면 편안해지는데도 쉽게 버리질 못합니다. 그러나 결론은 버려야 한다는 것입니다. 포기할 것은 포기해야 한다는 것입니다. 마음을 비워야 합니다. 그래야 충만해지고 흔들림 없이 길을 갈 수 있습니다. 욕심을 부리면 늘 초조하지만, 욕심을 버리면 삶은 어떤 어려움이 있더라도 한번 살아볼 만한 것으로 변하게 됩니다.

345

사람을 대할 때는 온화해야 한다

다른 사람을 대할 때는 완전히 한 덩어리의 온화한 기운으로 가득 차 있다.

其入人也 如時雨之潤(기입인야 여시우지윤)

사람을 대할 때는 온화해야 합니다. 그 사람이 나를 따르는 이유로 두려움 때문이라는 것만큼 나쁜 것은 없습니다. 사람은 사랑으로 대해야 합니다. 물론 그것이 쉽지 않을 수도 있습니다. 상대방은 내 마음 같지 않기 때문입니다. 그러나 그럼에도 우리는 그래야 합니다. 그것이 결국 그 사람을 변화시킬 것이기 때문입니다. 또 온화한 삶을 사는 것이 우리의 가슴을 행복하게 만들 것이기 때문입니다. 우리는 삶을 아름답게 살아야 합니다. 무엇보다도 우리 자신을 위해서 그렇습니다. 우리가 온화할 때 자신은 물론 사회까지 따뜻하게 변화시킬 수 있습니다.

열하나

소학

욕심이 아닌
도리를 따르라

346

귀한 손님 앞에서는 각별히 주의한다

존귀한 손님 앞에서는 개도 꾸짖지 않는다.

尊客之前 不叱狗(존객지전 부질구)

귀한 손님 앞에서는 개도 꾸짖으면 안 됩니다. 손님 기분을 상하게 할 수 있기 때문입니다. 손님이 아니라 개를 꾸짖는 일이지만, 그것이 손님에게 말하는 것처럼 들릴 수도 있습니다. 그렇기 때문에 주의가 필요합니다. 귀한 손님 앞에서는 행동에 각별히 유의해야 합니다. 작은 행동도 오해를 불러올 수 있다는 것을 알고 주의해야 합니다. 그렇게 해야만 손님에 대한 예의를 온전히 지킬 수 있습니다.

347

사양에서 예의가 시작된다

남의 환대를 다 받지 않으며, 남의 성의를 다 받지 않아야
사귐을 온전히 유지한다.

不盡人之歡 不竭人之忠 以全交也(부진인지환 불갈인지충 이전교야)

사양할 줄 모르면 안 됩니다. 사양할 줄 아는 것에서
예의는 시작됩니다. 우리나라 사람들 말은 모두 믿으면 안 됩
니다. 특히 호의적으로 하는 말들은 예의상 하는 말인 경우가
많습니다. "연락을 자주 하고 지내자", "면접 이후에 연락을 주
겠다." 등은 예의상 하는 말입니다. 연락을 자주 하지 못하더
라도, 연락을 주지 않더라도 이해해야 합니다. 그리고 남들이
하는 말이나 선물을 다 받으면 안 됩니다. 그것은 예의상 하는
것일 수도 있기 때문입니다. 남의 호의는 거절하고, 남의 어려
움은 도와야 합니다. 그것이 진정한 예의입니다.

348

진정한 발전은 불안정 속에서 나온다

벼슬은 지위가 안정되면 게을러진다.

官怠於宦成 (관태어환성)

누구나 안정을 원합니다. 안정된 삶은 지금 한국 사회의 핵심 키워드입니다. 삶이 너무 불안정해졌기 때문입니다. 그래서 많은 사람들이 목표를 낮춰 9급 공무원이 되고자 하는 것입니다. 그러나 무엇이든 안정이 되면 게을러지고 마음을 놓기 쉽습니다. 긴장감과 절박감을 놓아버리는 것입니다. 왜냐하면 그렇게 해도 되기 때문이고, 긴장감과 절박감을 가지는 일은 피곤한 일이기 때문입니다. 그러나 진정한 발전은 불안정 속에서 나옵니다. 그 속에서 살기 위해서 크게 노력하는 과정에서 진정한 발전은 이루어집니다. 그래서 안정이 되면 오히려 자신을 불안정 속으로 몰아야 합니다. 그러면서 끊임없이 자신을 채찍질해야 합니다. 그래야 진정한 발전을 할 수 있고, 그를 통해 우리 사회마저 진보로 이끌 수 있습니다.

349

모든 것은 적당해야 한다

오만함을 키워서는 안 되며, 욕심을 마음껏 채우도록 해서는 안 되며,
뜻을 모두 채우도록 해서는 안 되며, 즐거움을 끝까지 추구해서는 안 된다.

敖不可長 欲不可從 志不可滿 樂不可極(오불가장 욕불가종 지불가만 낙불가극)

이 세상 일은 자기 마음대로 되면 안 됩니다. 그러면
몸이 망가지기 때문입니다. 오만해지면 본래의 인간됨을 잃게
됩니다. 그래서는 진정으로 다른 사람들을 받아들일 수 없게
됩니다. 또, 욕심을 마음껏 채우면 안 됩니다. 욕심을 마음껏
채우면 욕심에 쫓겨 살기 때문입니다. 뜻도 바라는 대로 모두
이루어지면 안 됩니다. 그러면 세상을 너무 쉽게 볼 수 있고,
안하무인이 될 수도 있으며, 그것에만 사로잡혀 살 수도 있기
때문입니다. 즐거움을 지나치게 추구하면 몸이 망가지고 패가
망신할 수도 있습니다. 모든 것은 적당해야 합니다. 적당한 선
에서 멈추면 모든 것이 아름다울 수 있지만, 끝을 보면 삶이 끝
날 수도 있습니다.

350

삶은 구차해선 안 된다

재물을 대했을 때 구차하게 얻으려고 하지 말며,
곤란을 당했을 때 구차하게 벗어나려고 하지 말아야 한다.

臨財毋苟得 臨難毋苟免(임재무구득 임난무구면)

삶은 원칙적으로 구차해서는 안 됩니다. 특히 돈을
앞에 두고 흔들리는 모습이란 얼마나 구차합니까? 물론 가난
의 비참함을 모르지는 않습니다. 그러나 구차함보다 비참한
것은 없습니다. 사람은 언제나 당당해야 합니다. 기가 죽으면
안 됩니다. 자신이 구차하게 살고 있다는 것을 느끼는 순간 삶
은 존재이유를 잃습니다. 언제나 자신의 길에 대한 확고한 믿
음이 필요합니다. 자신의 현재 상황을 존중하되 합리적으로
가야 하며 구차해서는 안 됩니다. 무엇보다도 당당해야 하고,
그러기 위해선 그 과정에서 스스로를 잘 설득할 수 있어야 합
니다.

351

오늘은 오늘 할 일만 하면 된다

아직 닥치지 않은 일을 예측하지 마라.

毋測未至(무측미지)

오늘 걱정할 일만 해도 많은데, 왜 미리 걱정을 하나요? 그것은 잘못된 일입니다. 내일 걱정은 내일 해도 늦지 않습니다. 오늘은 오늘 할 일만 하면 됩니다. 그러면 오늘의 근심 걱정은 사라지기 때문입니다. 내일도 마찬가지입니다. 내일이 되어서도 그날 할 일을 열심히 하면 문제는 사라집니다. 매일을 그렇게 살아가면 문제는 없습니다. 그러나 미리 걱정하면 오늘 할 일마저 못하게 됩니다. 실제로 내일이 되면 상황은 어떻게 될지 모르며, 걱정한다고 해서 문제가 해결되는 것도 아닙니다. 결국 걱정은 오늘과 내일 모두를 제대로 살지 못하게 합니다. 매일매일 열심히 살면 됩니다. 그러면 그날 걱정은 사라집니다.

352

누가 보지 않더라도 열심히 공부해야 한다

밝게 드러난다고 해서 절개를 지키거나,
어둡다고 해서 행실을 태만히 하는 행동을 하지 않는다.

不爲昭昭信節 不爲冥冥惰行(불위소소신절 불위명명타행)

남이 본다고 해서 열심히 하고, 남이 보지 않는다고 해서 열심히 하지 않는 건 잘못된 일입니다. 그러나 왜 이것이 잘못된 것일까요? 자기 스스로 삶을 주도하지 못하고 있기 때문입니다. 남이 하라고 해야만 하고, 남이 보아야만 한다면 자기 스스로를 전혀 컨트롤하지 못하는 것이기 때문입니다. 이런 사람들은 혼자서 일을 못하고, 자기 사업을 못하며, 자기 혼자서는 공부를 못하는 학생입니다. 학원이나 독서실에 가야만 공부할 수 있는 학생입니다. 이러면 안 됩니다. 누가 보든 안 보든 열심히 해야만 성공할 수 있습니다. 그것이 자기 자신의 삶을 컨트롤하는 것입니다. 삶은 자신의 의지력으로 결정됩니다. 무엇보다도 자기 자신이 삶을 주도해야 합니다. 그러기 위해선 누가 보지 않더라도 열심히 사는 습관을 들여야 합니다.

353

고요함과 검소함이 덕의 기본이다

고요함으로 몸을 닦고, 검소함으로 덕을 기른다.

靜以修身 儉以養德(정이수신 검이양덕)

　　　고요해야 마음이 차분해집니다. 마음이 차분해야 무엇을 생각할 경우 정확하게 판단할 수 있습니다. 분별력이 높아지고, 냉철해지며, 정확해집니다. 그리고 검소해야 하는데, 그 이유는 검소해야 몸과 마음을 바로잡을 수 있기 때문입니다. 사치하고 방탕하면 몸과 마음, 둘 다 무너집니다. 스스로 절제가 안 되고, 그러면 몸도 마음도 모두 무너집니다. 그 중심에는 검소함이 있습니다. 돈을 쓰지 않으면 저절로 허리가 곧게 펴지고 마음이 정결해집니다. 입을 닫고 조용하게 있음으로써 마음을 차분하게 하는 것과 검소하게 생활하는 것은 덕의 기본입니다.

354

성공에는 오랜 시간이 걸린다

조급하게 나아가는 것은 헛된 짓일 뿐이다.

蹀進徒爲耳(조진도위이)

빨리 성공하려는 것은 위험합니다. 그렇게 될 수 없기 때문입니다. 성공에는 오랜 시간이 걸립니다. 또한 실력이 전제되어야 합니다. 연예인이나 스포츠인 정도가 일찍 성공을 하지, 대부분의 경우에는 10년 혹은 20년이라는 시간이 필요합니다. 20대에 두각을 드러내는 천재들도 있지만, 대부분은 오랜 시간이 필요합니다. 중요한 것은 실력입니다. 실력만 있으면 드러날 수 있습니다. 그렇기 때문에 조급증은 버리고, 차분하게 실력을 길러야 합니다. 그러면 자연스럽게 드러날 수 있기 때문입니다. 무엇보다도 실력에 집중해야 합니다. 그것만이 확실하게 성공으로 나아갈 수 있는 길입니다. 조급증을 낸다고 성공하는 것은 아닙니다.

355

공무원이 가져야 할 마음가짐

관직을 맡아서 수행하는 법에는 오직 세 가지가 있는데,
청렴함과 신중함과 근면함이다.

當官之法 唯有三事 曰淸 曰愼 曰勤(당관지법 유유삼사 왈청 왈신 왈근)

🍃   공무원들 마음가짐에는 세 가지가 필요합니다. 첫째
는 청렴결백입니다. 즉 뇌물과 비리에 흔들리지 않고 청빈하
게 살겠다는 마음가짐입니다. 공무원이 부동산 투기를 하고
뇌물을 받는 것은 결코 바람직하지 않습니다. 둘째는 일을 할
때 몸을 삼가고 예의를 지키는 것입니다. 즉 자신의 몸을 절제
하고 다스리며 일하는 것입니다. 셋째는 일에 최선을 다하는
것입니다. 즉 게으름을 피우지 않고 근면성실하게 일하는 것
입니다. 그러니까 공무원은 청렴결백하게 살고, 몸과 마음을
절제하고 살며, 게으름을 피우지 않고 근면성실하게 일해야
하는 것입니다.

356

부모님은 항상 내 곁에 계시지 않는다

부모를 섬기고자 하지만 부모가 계시지 않는다.

欲以養親 親父在矣 (욕이양친 친부재의)

여러분은 지금 부모님과 함께 살고 있지만, 시간이 지나면 부모님은 돌아가실 것입니다. 부모님이 무병장수하여 80세가 넘어서까지 살아 계실 수도 있지만, 그전에 돌아가시는 경우도 있을 것입니다. 병에 걸리실 수도 있고, 사고를 당하실 수도 있기 때문입니다. 부모님이 돌아가시는 때는 언제가 될지 모릅니다. 그래서 지금 잘해야 합니다. 지금 잘하는 것은 어려운 일이 아닙니다. 공부 열심히 하고, 부모님 말씀 잘 듣고, 부모님과 대화를 많이 나누는 것이 효도하는 길입니다. 지금 부모님을 사랑으로 대하길 바랍니다. 나중에는 그렇게 하고 싶어도 할 수 없습니다.

357

욕심을 버리고 도리를 따라 살아야 한다

도리를 따르면 마음에 여유가 있고, 욕심을 따르면 위태롭다.

順理則裕 從欲惟危(순리즉유 종욕유위)

인간적인 도리를 따르면 마음이 편안합니다. 그러나 내 욕심대로 살면 마음이 불편합니다. 인간적인 도리의 길에서 빗나가는 경우가 발생하기 때문입니다. 그래서 도리를 따라가면 안전하고, 욕심을 따라가면 위험합니다. 사람은 지나친 욕심은 버려야 합니다. 그리고 언제나 바른 길을 가겠다는 마음을 품어야 합니다. 그것이 누구보다도 자신을 위한 길이기 때문입니다. 돈은 먹고살 정도만 벌면 된다고 편안하게 생각해야 합니다. 그리고 부지런히 살아가면 걱정이 없을 것입니다. 욕심을 버리고 도리를 따라 사는 것, 그것이 정답입니다.

358

자기 스스로를 반성해야 한다

남을 책망하는 마음으로 자신을 책망해야 한다.

以責人之心 責己(이책인지심 책기)

사람은 대체로 남을 비판하기는 쉽지만 자기 자신은 잘 비판하지 못합니다. 그러나 발전하려면 자기 스스로를 비판하고 반성해야 합니다. 남을 비판하기 전에 자기 자신부터 비판해야 하고, 남을 비판하듯 자신을 비판해야 합니다. 무엇보다도 자신을 되돌아보아야만 정답을 찾을 수 있기 때문입니다. 모든 문제의 원인은 자기 안에 있습니다. 그래서 자기를 되돌아보면 어떻게 살아야 하는지를 알 수 있습니다. 남을 비판하기 전에 먼저 자신을 돌아보세요. 그리고 자기 속에서 정답을 찾으세요. 자기 안의 정답이 진정한 정답입니다.

359

공부할 때 깊게 파고들면서 생각하는 사람

재주가 남보다 뛰어난 자는 두려워할 만한 것이 없으나,
글을 읽을 때 찾아서 생각하고 미루어서 탐구하는 자는 두려워할 만하다.

才性過人者 不足畏 惟讀書尋思推究者 爲可畏耳
(재성과인자 부족외 유독서심사추구자 위가외이)

타고난 재능이 뛰어난 자는 두렵지 않습니다. 그것만
으로는 대성할 수 없기 때문입니다. 그러나 공부할 때 깊게 파
고들면서 생각하는 사람은 두렵습니다. 왜냐하면 그는 대성할
것이기 때문입니다. 공부할 때는 깊게 파고들면서 해야 합니
다. 깊이 생각하고, 생각이 생각의 꼬리를 물고 늘어져야 합니
다. 또 궁리할 때는 몇 달 동안이고 궁리할 수도 있어야 합니
다. 그렇게 하면서 진정한 정답은 무엇인지를 찾아야 합니다.
책, 다큐멘터리, 여행, 일 등을 통해서 진리에 근접해야 합니
다. 무엇이든 깊이 파고들면 진리에 다가설 수 있습니다.

360

공부하더라도 어떤 마음가짐으로 하느냐가 중요하다

깊이 최선을 다해서 학문을 하고 세세하게 지극히 연구하더라도
요임금과 순임금의 도에 들어갈 수 없다.

窮深極微 而不可以入堯舜之道(궁심극미 이불가이입요순지도)

공부만 한다고 해서 사람이 달라질까요? 아닙니다.
공부를 해도 그 속에 윤리와 도덕이 없으면 사람을 죽이는 공
부를 할 수도 있습니다. 핵무기를 만들어 사람들을 죽일 수도
있기 때문입니다. 그래서 공부하더라도 어떤 마음가짐으로 하
느냐가 중요합니다. 나 혼자 잘 먹고 잘살고 판검사가 되어 떵
떵거리면서 없는 사람들 무시하고 살겠다는 마음으로 공부하
면 공부해봤자 아무런 소용이 없습니다. 그런 공부란 사람을
죽이는 공부일 따름입니다. 공부란 모름지기 모두를 살리는
공부여야 하고, 그런 공부를 하기 위해서는 공부 속에 도덕과
윤리, 사랑과 용서를 넣어야 합니다. 그것이 없는 공부는 죽은
공부이고, 오직 자기 자신밖에 없는 공부입니다.

361

속일 수 있는 일은 없다

하늘이 알고 신이 알고 내가 알고 그대가 아는데,
어찌 아는 사람이 없다고 말하는가.

天知神知我知子知 何謂無知(천지신지아지자지 하위무지)

잘못된 행동을 하면 안 됩니다. 하늘이 알고 내가 알
고 상대방이 알기 때문입니다. 세상에 비밀은 없습니다. 속일
수 있는 일도 없습니다. 궁극에는 하늘이 알기 때문입니다. 사
람은 바르게 살아야 합니다. 하늘이 알기 때문에 하늘에서 벌
을 내릴 것이기 때문입니다. 또 자신의 양심이 자신에게 벌을
내릴 것이기 때문입니다. 바른 길에서 어긋나서 살면 결국 자
신이 가장 큰 해를 입습니다. 결국에는 당할 테니까요. 사람은
어떤 일이 있더라도 바름에서 어긋나게 살아선 안 됩니다. 바
르게 산다는 것은 삶의 기본입니다.

362

지나치게 좋은 것은 화를 불러올 수도 있다

비녀 한 개에 70만 전이라면 이것은 요망한 물건이다.

一釵七十萬 此妖物也(일차칠십만 차요물야)

❀

값비싼 물건은 누구나 갖고 싶어 하는 물건입니다. 그런 것은 사람들의 탐심(貪心)을 불러일으키는 것으로 화를 초래할 수 있습니다. 지나치게 좋은 것, 지나치게 예쁜 것, 지나치게 화려한 것, 지나치게 똑똑한 것도 마찬가지입니다. 누구나 그것을 원한다는 것은 화를 부를 수 있기 때문입니다. 예를 들어 암을 치료하는 특효약이 발견되었다면, 그것은 엄청난 돈을 벌 수 있을 것입니다. 그것은 세계 각국의 의료시장을 뒤흔들 것이고, 암 치료로 인한 수명연장으로 인해 국민연금제도를 변화시킬 것이며, 생명보험시장도 흔들 것입니다. 그 이익이 너무 막대하기 때문에 잘못하면 암 치료약을 둘러싼 전쟁이 날 수도 있습니다. 좋은 것은 좋지만, 지나치게 좋은 것은 탐심을 불러일으켜 화를 초래할 수도 있는 것입니다.

363

말을 함부로 하지 않는다

말을 함부로 하지 않는 것에서 시작해야 한다.

自不忘語始(자불망어시)

말을 함부로 하지 않아야 합니다. 말을 함부로 하면 지킬 수 없는 약속을 할 수도 있고, 거짓말을 할 수도 있습니다. 그래서 신뢰를 잃을 수도 있습니다. 그러면 돌이킬 수 없습니다. 그래서 말은 무거운 것이 좋습니다. 특히 남에게 약속하는 경우 조심해야 합니다. 약속하면 지켜야 하고, 지키지 못하면 신뢰에 손상을 입기 때문입니다. 그래서 조심스럽게 말해야 합니다. 어떤 경우에도 그래야 합니다. 그것이 자신에게 당장 좋은 결과를 가져오더라도 그래야 합니다. 좋은 것도 그냥 좋은 것이 아니라 대가를 반드시 지불해야만 하기 때문입니다.

364

검소함과 사치함

검소함으로부터 사치함에 들어가기는 쉽고,
사치함으로부터 검소함에 들어가기는 어렵다.

由儉入奢易 由奢入儉難(유검입사이 유사입검난)

검소한 생활을 하다가 사치하기는 쉽습니다. 돈을 많이 쓰면 좋기 때문입니다. 그러나 사치한 생활을 하다가 검소하기는 어렵습니다. 사치한 생활은 편하지만, 검소한 생활은 힘들기 때문입니다. 그래서 부자일 때 돈을 펑펑 쓰다가 가난해져서 돈을 쓰지 못해 화병이 오는 사람들도 있습니다. 검소함은 평소에 길러야 합니다. 하루아침에 길러지지 않습니다. 돈을 쓰지 않으면서도 즐거울 수 있는 방법을 스스로 찾아내야 합니다. 그래서 늘 검소하게 살 수 있어야 합니다. 사치함에 한번 빠지면 벗어나기 힘듭니다.

365

진정한 선물이란 진심을 전달하는 것

물품은 소박해도 정은 두텁다.

物薄而情厚(물박이정후)

선물은 마음으로 하는 것이지 돈으로 하는 것이 아닙니다. 고가의 선물이 아니더라도 마음을 표현했다면 그것으로 충분한 것입니다. 고가의 선물이 아니라고 부끄러워하는 것은 잘못된 일입니다. 또한 고가의 선물이 아니라고 상대방을 나무라는 것은 선물의 진정한 취지를 모르는 일입니다. 또 자신의 욕심에만 갇힌 행동입니다. 선물의 핵심은 진심입니다. 내 마음과 정성을 전달했다면 그것으로 충분한 것입니다. 또 선물은 그 마음과 정성을 서로 확인하는 것으로 끝나야 합니다. 그렇게 될 때 진정한 선물의 가치가 있는 것입니다.

10대, 처음 만나는 고전
나를 찾는 아이들, 고전을 만나다

초판 1쇄 발행 2014년 7월 30일

지은이 이상민
펴낸이 한승수
펴낸곳 문예춘추사
편 집 고은정 이다연
마케팅 심지훈
디자인 송원철 선은실

등록번호 제300-1994-16
등록일자 1994년 1월 24일
주 소 서울특별시 마포구 연남동 565-15 지남빌딩 309호
전 화 02 338 0084
팩 스 02 338 0087
블로그 moonchusa.blog.me
e-mail moonchusa@naver.com

ISBN 978-89-7604-170-8 43140